Blers dretgs per l'anniversari

Blers dretgs per l'anniversari

175 ONNS CONSTITUZIUN FEDERALA

Edì dal
Museum naziunal svizzer
Museum naziunal Turitg

SANDSTEIN VERLAG

CUNTEGN

DENISE TONELLA

Prefaziun

L'onn 1848 nascha il Stadi federal svizzer, Berna daventa la chapitala federala, l'emprima constituziun da la Confederaziun svizra entra en vigur: ina cesura epocala en l'istorgia svizra. Quella marca la fin da l'Ancien Régime ed è a medem temp il cumenzament da la Svizra moderna – ina midada da sistem fundamentala. Il stadi federativ da plirs chantuns daventa il stadi federal, la Svizra è ad interim ina insla democratica-republicana entamez ils reschims aristocratics da l'Europa. Las revisiuns da la constituziun da 1874 e l'introducziun dal dretg d'iniziativa l'onn 1891 instradeschan la transiziun da la democrazia represchentativa a la democrazia directa. L'extensiun da la participaziun politica per ils gidieus l'onn 1866 e per las dunnas il 1971 èn terms impurtants. A tals sa refereschan oz quellas persunas che n'han nagin dretg da votar e d'eleger, concretamain las persunas giuvnas minorennas sco er las persunas da l'exteriur.

175 onns suenter la fundaziun dal stadi federal modern deditgescha il Museum naziunal svizzer ina gronda exposiziun speziala a la Constituziun svizra. La discussiun davart ils dretgs fundamentals da la Svizra è oz ina incumbensa impurtanta en in mund, nua ch'ils dretgs da libertad essenzials èn pli e pli periclitads. La constituziun è il fundament d'ina democrazia liberala e viva. Ella è la basa politica e giuridica da nossa convivenza. Dapi la ratificaziun da la Convenziun europeica dals dretgs umans (CEDU) l'onn 1974 e dapi ch'ils dretgs umans internaziunals èn francads en la Constituziun federala revedida da l'onn 1999, ha la Svizra in catalog da dretgs fundamentals rinforzà ed armonisà sin plaun supranaziunal. L'exposiziun e la publicaziun qua avant maun envidan a sa fatschentar cun la libertad da pressa, d'opiniun u da religiun sco er cun la protecziun da la sfera privata u cun il dretg d'ina procedura gista. Ultra da quai vegnan fatgas dumondas areguard la constituziun actuala e l'egliada vegn drizzada sin ils dretgs fundamentals che pudessan esser necessaris en l'avegnir.

Per la realisaziun da l'exposiziun e da questa publicaziun engraziel jau cordialmain a la curatura Erika Hebeisen ed al curatur Michael Kempf. Lur prontezza d'ir novas vias museologas e lur interess per il tema èn stads tant inspirants sco er decisivs.

Cordial engraziament er a Sophie Dänzer per la coordinaziun conscienziusa ed a Naomi Eggli per la collavuraziun scientifica engaschada. Medemamain less jau engraziar a la «Rappaport Szenographie Architektur ScRL» per la concepziun da l'exposiziun, al collectiv artistic «Weicher Umbruch» per la grafica ed a «Playing History» per la realisaziun ludica dals cuntegns pretensius. In engraziament spezial a la chasa editura Sandstein ed a las auturas ed als auturs dals artitgels ch'èn reunids qua. In cordial engraziament er a las instituziuns che han fatg emprests d'objects impurtants per nossa exposiziun sco er a las bleras ulteriuras persunas participadas che han contribuì a la buna reussida da quest project.

Entaifer paucas emnas preschenta la Cumissiun da constituziun ses sboz. Dus terzs dals chantuns din Gea. Ils 12 da settember 1848 deliberescha la Dieta federala l'emprima Constituziun federala. Il nov stadi federal funcziuna cun in sistem da duas chombras, e la Svizra daventa ina democrazia represchentativa. Per in tschert temp è ella pia ina insla republicana en il center da l'Europa.

La Constituziun federala da la Confederaziun svizra, Berna, 12-9-1848, facsimile cun duas cordellas | Archiv federal svizzer, Berna

Introducziun

Il giubileum da 175 onns Constituziun federala giavischa il Museum naziunal bler dretg a la Svizra. Cun in'exposiziun e cun quest carnet accumpagnant dain nus in sguard enavos sin l'istorgia da quests dretgs fundamentals ch'èn oz francads en la Constituziun svizra. In pèr dretgs fundamentals figureschan gia en l'emprima constituziun da 1848. La gronda part è vegnida vitiers pli tard, e blers dretgs fundamentals èn sa fatgs valair l'emprim sco dretg nunscrit. Dal cumenzament ennà po la Constituziun federala svizra vegnir revedida bain. La part decisiva dals dretgs fundamentals actuals è vegnida francada en la constituziun a chaschun da la revisiun totala da l'onn 1999.

L'emprima constituziun da la Svizra moderna n'è betg vegnida inventada avant 175 onns d'ina cumissiun ed er betg crudada giu da tschiel. Ella ha models pli prominents e pli curaschus, oravant tut la Decleraziun dals dretgs umans da la Revoluziun franzosa e la constituziun dals Stadis Unids da l'America. Ultra da quai vegn la Constituziun federala svizra a la glisch pir suenter ina dira e greva naschientscha. I n'è insumma betg cler d'emprim ennà, sch'ella vegn a surviver ed ad esser abla da viver. Sia precursura bainquant pli ambiziusa, la constituziun da la Republica helvetica, è sa mantegnida enturn l'onn 1800 mo per stgars 5 onns. Il Contract federal da l'onn 1815 reglava l'allianza da chantuns suverans e n'era pia betg ina Constituziun democratica. La democrazia svizra ha però emprendì da chaminar per propi il cumenzament dals onns 1830 en ils chantuns liberals. Ina Constituziun federala ch'era vegnida skizzada quella giada da liberals, ha dentant fatg naufragi l'onn 1832. Ella è entrada en l'istorgia svizra sco «creatira malfurmada».

Durant ils 15 onns suandants èn s'accentuads ils conflicts confessiunals entaifer la Confederaziun. La dispita tranter ils conservativs ed ils liberals concernent il fundament politic d'ina Svizra futura è escalada il november 1847 en l'uschenumnada Guerra da la Lia separatista. Cun agid da prinzis e da monarcs oriunds dals conturns

L'emprima giada dapi che la Republica helvetica ha fatg naufragi fan ils liberals il 1832/33 puspè in sboz per ina Constituziun federala democratica. Sin il maletg vegn quella svalitada sco «creatira malfurmada». Davosvart a dretga èn prominents liberals en acziun sco spendrers. Davantvart en il center sa rimnan els per il «battaisem d'urgenza» d'in novnaschì. Il dissegnader conservativ na dat a quel nagina schanza da surviver.

Ludwig Adam Kelterborn (attribuì), caricatura davart la revisiun dal Contract federal da 1815, enturn 1833, litografia sin palpiri | Museum naziunal svizzer

da la Svizra avessan ils chantuns ch'eran reunids en la Lia separatista forsa tuttina anc impedì l'experiment liberal en il center da l'Europa. Ma quests vischins eran occupads quella giada cun revoltas liberalas en lur agens pajais.

Schanegiada d'intervenziuns militaras d'ordaifer e grazia a la svelta victoria da las truppas da la Dieta federala ha ina Cumissiun da constituziun a Berna cumenzà cun sia lavur ils 17 da favrer 1848. Questa cumissiun era pronta da far cumpromiss ed ha elavurà a temp util in sboz ch'era acceptabel per la maioritad. Cun agid da proceduras da votaziun betg dal tuttafatg irreproschablas è quest sboz vegnì acceptà. Ils 12 da settember 1848 è entrada en vigur l'emprima constituziun federala svizra. Cun in sistem da duas chombras adempliva la constituziun ils giavischs dals federalists ed ha mess il crap da fundament per ina democrazia ad interim represchentativa.

Ils perdents catolics-conservativs da la Guerra da la Lia separatista han l'emprim tegnì distanza da la politica federala a Berna. Il motor eran las forzas liberalas. Ellas han ussa stuì metter il progress dal dretg constituziunal en la pratica politica. A medem temp han er moviments liberals-radicals e la finala er socialistics svelt fatg valair lur interess. Fin l'onn 1891 ha lur pressiun politica fatg daventar la democrazia represchentativa per umens cristians ina democrazia mez directa per quasi tut ils umens.

Sin quest temp politicamain animà da la fundaziun dal nov stadi federal guardan enavos tschintg contribuziuns da quest carnet accumpagnant. Ellas s'occupan per gronda part dals dretgs fundamentals *avant la lettre* e da la dumonda impurtanta: Tgi è inclus? Tgi dastga cundecider? Dal dretg da votar e d'eleger restan, ultra da minoritads pli pitschnas, exclusas tut las dunnas sco er tut ils umens gidieus. Che l'emancipaziun gidieua en Svizra survegn mo in sustegn minimal da la societad en Svizra e che l'egualitad giuridica s'avanza uschia mo plaunsieu, reflectescha la contribuziun da Susanne Bennewitz. Ultra da la cundecisiun politica pli vasta è la libertad da pressa il dretg fundamental il pli impurtant en la Constituziun federala da 1848. En sia contribuziun skizzescha Vanessa Rüegger il traject dal scumond da censura fin a la libertad da l'art sco extensiun da la libertad da las medias. La libertad da religiun garantescha l'emprima Constituziun svizra l'emprim mo a las duas confessiuns cristianas. Pertge che quai è stà uschia e quant fraschla che la libertad da religiun è restada per autras cuminanzas religiusas, tematisescha la contribuziun da Josef Lang. Plinavant declera Martin Lengwiler, co ch'ina conscienza per la protecziun da la sfera privata sa sviluppa e da tge persunas che la sfera privata vala sco degna da protecziun. Ed a la fin tschertga Numa Graa las propostas temprivas da proceduras gistas en il dretg penal. Quellas vegnan la finala francadas en la Constituziun federala – grazia a l'europeisaziun da la giurisdicziun svizra durant l'ultim terz dal 20avel tschientaner.

Passa 120 onns resta il Stadi federal svizzer ina spira democrazia d'umens. Pir cun l'introducziun dal dretg da votar da las dunnas l'onn 1971 survegnan las Svizras il dretg da cundecisiun politica. Sin basa da quest grond pass da democratisaziun s'occupan l'exposiziun e quest cudesch accumpagnant da la furmaziun da quests dretgs fundamentals, ch'èn vegnids integrads en la constituziun da 1999 ch'è valaivla anc oz. Dapi la ratificaziun da la Convenziun europeica dals dretgs umans l'onn 1974 fa la Svizra part d'in sistem giuridic surordinà. Las sentenzias dal Tribunal europeic dals dretgs umans (TEDU) a Strasbourg èn da lura davent – ensemen cun las sentenzias dal Tribunal federal e cun las iniziativas dal pievel – constituziun *in-the-making*. Co che dretgs fundamentals europeics èn vegnids integrads concretamain en la Constituziun federala svizra, dilucidescha Helen Keller en sia contribuziun. A maun d'in exempel concret pertutgant la pratica da natiralisaziun dals onns 1960 mussa Regula Argast, tge ideologias ch'existan fin ozendi cunter la participaziun politica da persunas estras en Svizra. E che la libertad da religiun n'ha – er durant il 20avel tschientaner tardiv – betg la medema valaivladad per tut las cuminanzas religiusas, reflectescha Jacqueline Grigo a maun da l'exempel da las debattas e da las tractativas giuridicas davart il faziel da chau da dunnas muslimas.

Sco quai che las contribuziuns reunidas qua mussan, reusseschi a la Constituziun federala d'integrar la midada sociala, perquai ch'ella po vegnir revedida e perquai ch'ella è averta per cumplettaziuns. Quai vegn ad esser necessari er en il futur, cura ch'i sa tracta da negoziar sin via democratica temas politics dispitaivels: Duai la populaziun estra – en il fratemp in quart da tut las persunas che vivan en Svizra – cundecider politicamain? Tge dovri en ina constituziun e tge betg, per che la libertad da religiun valia per tuttas e tuts? Co pon ins intimar ils gigants tecnologics da respectar la sfera privata da lur utilisadras ed utilisaders? U co pon ins far frunt adequatamain a la crisa dal clima en il dretg constituziunal? En quest senn dumonda la prospectiva da Debjani Bhattacharyya che concluda quest carnet: Dovra la Svizra in dretg al fraid?

La libertad da cretta e conscienza è inviolabla

Cst. 1874, art. 49.

Libertad da religiun – in giast ester en nossas vals

En sia missiva tar la revisiun totala da la Constituziun federala ha il Cussegl federal scrit il zercladur 1870: «L'idea da la libertad da religiun è naschida en il pajais liber da l'autra vart da l'ocean; ella è turnada sco giast ester, considerà cun blera disfidanza, en la veglia Europa, ed er qua betg l'emprim en nossas vals.» La Svizra saja bain il «pajais da la libertad politica», ma la «libertad da religiun» saja restada «dapi adina fitg limitada tras la lescha e tras la morala».

Gia la Constituziun federala da l'onn 1848 preferiva la libertad politica a la libertad da religiun. Almain aveva ella fixà l'egualitad tranter las confessiuns cristianas ed ils burgais dal stadi. Quai signifitgava che persunas catolicas survegnivan la libertad da domicil, la libertad da cretta ed ils dretgs politics er en chantuns protestants e persunas protestantas er en chantuns catolics. Tge pass enorm che quai è stà, mussa la massiva cuntracampagna da la stad 1848. En il chantun Uri ha admonì in anteriur landamma, ch'ils «protestants dastgian pregiar en il futur sin las vias dad Altdorf». En il cumin da la Sutsilvania èsi vegnì pretendì, ch'ils «catolics arrivian sut il domini dals protestants». A Zug han spirituals profetisà, ch'«ils catolics stoppian snegar lur cretta e daventar protestants».

La defensiun confessiunala cunter las persunas d'autra cretta, ch'i deva er en territoris protestants, è stada in motiv impurtant per difficultar la participaziun politica en las vischnancas a numerusas persunas novdomiciliadas. La substituziun u la cumplettaziun da las vischnancas burgaisas tras vischnancas politicas, ch'è vegnida fatga suenter l'emprima revisiun totala da la Constituziun federala, ha rinforzà las minoritads confessiunalas respectivas. Las instituziuns modernas garantivan l'egualitad religiusa plitgunsch che las instituziuns tradiziunalas. Cunzunt en las regiuns conservativas è restà in grond problem quel, che las scolas primaras eran influen-

Disteli f.

Ils dus puncts da dispita ils pli impurtants en il cumbat per in stadi federal eran las claustras ed ils urdens dals gesuits. Dal punct da vista liberal rinforzavan quels la spartiziun confessiunala dal pajais. La caricatura dissegnada d'in catolic liberal mussa in gesuit che dat in lavachau ad in cartent.

Martin Disteli, «Zelotenpredigt», sboz per in fazielet, Soloturn, enturn 1834, dissegn a plima aquarellà. | © Museum d'art e d'istorgia, citad da Genevra, fotograf: André Longchamp

zadas da la baselgia. Perquai ha il nov artitgel da scola en la Constituziun federala da 1874 er promovì la libertad da religiun e la toleranza. El ha obligà ils chantuns da porscher ina instrucziun che pudeva vegnir frequentada da tuttas e tuts «senza pregiudicaziun da la libertad da cretta e da conscienza». Auters progress èn vegnids cuntanschids gia pli baud tras leschas federalas. Uschia ha l'Assamblea federala abolì l'onn 1851 las regulaziuns chantunalas che difficultavan la maridaglia tranter spus da differentas confessiuns. La Constituziun federala da 1874 ha lura realisà la lètg civila ed il dretg da divorzi.

L'exclusiun da las gidieuas e dals gidieus svizzers da tut ils dretgs menziunads era ina da las flaivlezzas las pli grondas da la Constituziun federala da 1848. En l'Argovia, nua che bundant 4216 gidieuas e gidieus vivevan quella giada, è l'egualitad dals dretgs vegnida refusada l'onn 1862 cun ina gronda maioritad. Il pledader principal dal moviment antisemitic «Mannlisturm» era a medem temp a la testa da l'Associaziun da Pius, denominada tenor il Papa. Ils princips programmatics dal cumbat cunter l'emancipaziun gidieua sa clamavan: «Ils gidieus na van betg a prà cun nus sco conburgais e sco confederads. Istoricamain è la Svizra ina patria dals cristians.»

Suenter che la Confederaziun aveva disponì l'onn 1863 l'egualitad politica dals gidieus da l'Argovia, era ella dumandada da realisar tala er sezza. Il schaner 1866 hai dà ina votaziun davart l'emprima revisiun parziala da la Constituziun federala. Entant che la libertad da domicil e l'egualitad giuridica dals gidieus han chattà ina maioritad, è la libertad da cretta e da cultus vegnida refusada per pauc. En la Svizra Centrala han 80 pertschient dals votants ditg Na. Uschia è la libertad da la religiun gidieua daventada in tema-clav en la debatta successiva davart la revisiun totala da la Constituziun federala. In cusseglier dals chantuns da l'Uri la cumbatteva cun ina formulaziun ordvart moderna: «Duai la Svizra esser in stadi cristian u in stadi cosmopolit?» Ils 19 d'avrigl 1874 èn dus terzs dals umens – cun ina participaziun a la votaziun dad 82 pertschient – s'exprimids a favur d'in stadi federal secular.

Stgars 20 onns suenter la renconuschientscha da la libertad da religiun gidieua – en il rom da la nova Constituziun federala da 1874 – vegn questa libertad puspè restrenschida l'onn 1893 tras l'approvaziun da l'emprima iniziativa dal pievel insumma. La caricatura mussa ch'igl era vegnì sa referì per il cumbat da votaziun, ch'era caracterisà d'antisemitissem, er a la legenda da l'omicidi ritualisà.

Caricatura davart il scumond da mazzar tenor l'usit ebraic, Nebelspalter, tom 19, carnet 33, Turitg, 19-8-1893 | Nebelspalter, Turitg | Segund vaticanum

Tranter il 1835 ed il 1875 è il catolic liberal Augustin Keller ina figura centrala en il cumbat per in stadi federal secular. L'onn 1841 propona el d'abolir las claustras da l'Argovia e 1844 d'abolir l'urden dals gesuits. Ils onns 1860 s'engascha el per l'egualitad dals gidieus. Perquai porta la loscha gidieua, ch'è vegnida fundada il 1907 a Turitg, ses num.

Purtret dad Augustin Keller, institut d'art C. Knüsli, Turitg, cromolitografia sin palpiri | Museum naziunal svizzer

En il rom dal cumbat cultural davart ina separaziun da l'appartegnientscha religiusa e civica è vegnì extendì il scumond da l'urden dals gesuits, ch'era vegnì concludì gia l'onn 1848. Er als singuls commembers da l'urden èsi vegnì scumandà da lavurar. Plinavant èsi vegnì scumandà da fundar novas claustras ed als spirituals è vegnida refusada l'elegibladad en il Cussegl naziunal ed en il Cussegl federal; l'installaziun d'uvestgieus stueva vegnir permessa da la Confederaziun. Ils artitgels excepziunals eran cuntradictorics ad

La renconuschientscha da la libertad da religiun tras il Segund concil vatican l'onn 1965 fa strada per abolir il 1973 ed il 2001 l'artitgel excepziunal confessiunal en Svizra. Il Segund concil vatican (1962–1965) fa diversas concessiuns envers ils critichers da l'Emprim concil vatican (1869/70).

Bernhard Moosbrugger, Sesida d'avertura dal Segund concil vatican, Roma, october 1962 | © Bernhard Moosbrugger/Fundaziun svizra per la fotografia ina idea liberala da la libertad da religiun, ston dentant vegnir chapids sco reacziun a la campagna antiliberala dal Papa. Questa campagna è culminada l'onn 1870, cura che l'Emprim concil vatican ha dogmatisà l'infallibladad dal Papa. Anc l'onn 1960 constatava la Congregaziun papala da la cretta: «Là, nua che la Baselgia regia sezza, vul ella limitar ils dretgs da las persunas d'autra cretta; là, nua ch'ella furma dentant ina minoritad, pretenda ella ils medems dretgs sco ils auters.» La renconuschientscha da la libertad da religiun tras il Segund concil vatican l'onn 1965 ha facilità l'aboliziun politica dal scumond da gesuits e da claustras da l'onn 1973.

La toleranza religiusa envers las gidieuas ed ils gidieus ha puspè subì in regress l'onn 1893 tras il scumond da stgannar ch'era vegnì incità da protestants conservativs. Zunt fatal è stà l'antisemitissem durant la Segunda Guerra mundiala. A bleras persunas persequitadas per «motivs razzials» n'èsi betg vegnì dà asil. L'onn 1978 è il scumond da stgannar che pertutga er persunas muslimas, vegnì stritgà ord la constituziun, però fixà en la Lescha federala davart la protecziun dals animals.

Dapi ils onns 1970 è la societad sa secularisada fermamain ed è sa pluralisada concernent la religiun. La nova Constituziun federala da 1999 n'ha quai betg influenzà. L'unica midada en connex cun la politica da religiun è stada quella, che spirituals èn daventads elegibels per in sez en il parlament. L'aboliziun da l'artitgel d'uvestgieu è suandada l'onn 2001 – cun ina part affirmativa da 64 pertschient. In terz dals catolics, e cunzunt da las catolicas, ch'eran daventads disfidants envers l'ierarchia, aveva refusà quest artitgel.

Strusch che la Constituziun federala era vegnida liberada d'artitgels excepziunals religius, è ella vegnida engrevgiada cun novs: l'onn 2009 han 58 pertschient acceptà in scumond da minarets e l'onn 2021 51 pertschient il scumond da purtar ina burca. Bleras Svizras e blers Svizzers fan anc adina dad esters envers la libertad da religiun ed envers la toleranza.

Mintga
persuna
ha il dretg d'esser
protegida
cunter l'abus da sias
datas persunalas

Cst. 1999, art. 13 al. 2

Garanzia da la sfera privata: in dretg fundamental tranter la protecziun dal stadi e la protecziun cunter il stadi

Tenor la Constituziun federala actuala (art. 13) tutga la protecziun da la sfera privata tar ils dretgs fundamentals da tut las persunas che vivan en Svizra. Da quai fa part il respect da la vita privata e da famiglia, la protecziun cunter l'abus da las datas persunalas sco er l'observanza dal secret da posta e da telecommunicaziun.

Sco dretg fundamental è la protecziun da la sfera privata in nov fenomen ch'è vegnì integrà en la Constituziun federala pir l'onn 1999. Sco model directiv vastamain renconuschì è questa idea dentant pli veglia. Ella datescha dal 19avel tschientaner. Quella giada era la garanzia da la sfera privata colliada stretgamain cun l'idea dal burgais republican. La sfera privata protegiva il burgais liber cunter las violaziuns d'in stadi ferm (manegià era: autoritar, absolutistic). Uschia definiva l'Enciclopedia Meyer da l'onn 1889 la noziun «privat» sco «quai ch'è cuntrari a la vita publica» ubain concernent il sectur da l'economia privata, cun il cuntrari dad «economia publica» u dad «economia cuminaivla». Ils dretgs da libertad dal burgais ch'èn resultads sco reacziun a la pussanza pli e pli gronda dals stadis absolutistics, eran istoricamain colliads stretgamain cun la protecziun da la sfera privata.

L'istorgia dal stadi federal modern e l'extensiun da ses plainpudairs han chaschunà en Svizra pliras giadas in conflict cun la pretensiun dals burgais d'observar lur sfera privata. Quai mussan exemplaricamain ils fatgs fiscals da la Helvetica, pia anc avant la fundaziun

dal stadi federal l'onn 1848. L'emprova da stabilir in sistem da taglia e da taxas modern ha fatg naufragi il cumenzament dal 19avel tschientaner, betg sco ultim pervia da l'idea radicala dal secret fiscal per ils burgais. Uschia dastgava il prefect da Basilea-Champagna mo plazzar ina chascha per incassar las taglias, ma na pudeva betg controllar, tge import ch'ils pajataglias deponivan en quella. Las taglias vegnivan consegnadas en ina cuverta serrada, senza ch'il represchentant da l'autoritad avess pudì prender invista. Tgi che surdeva l'import da taglia correct, daventava evidentamain l'object da beffas da sias conburgaisas e da ses conburgais. Regularmain arrivava numerusa munaida falsifitgada en la chascha.

Perquai n'èsi betg ina casualitad, che la Constituziun federala da 1848 ha stuì reglar mo en in sectur – la posta – in conflict tranter il stadi e la sfera privata. La constituziun ha rinforzà la posiziun da las persunas privatas ed ha garantì «l'inviolabilitad dal secret da posta».

Cunzunt durant las duas guerras mundialas vegni intervegnì en il secret da posta. Questa brev ha in schuldà tramess en Svizra. Avant era ella vegnida averta e legida – curt e bain: censurada – da la censura militara da la Monarchia austro-ungaraisa.

Brev da Laibach (Ljubljana) a Berna cun buls da censura, 13-8-1915 | Phil_05275 | Museum per communicaziun, Berna

La gronda valur che la societad burgaisa concedeva dapi il 19avel tschientaner a la protecziun da las chaussas privatas, è sa manifestada per exempel en ils differents secrets professiunals ch'èn vegnids francads en la lescha oravant tut en connex cun las professiuns burgaisas. Il secret medical protegiva la relaziun da confidenza tranter la media u il medi e la pazienta u il pazient, il secret d'advocat la relaziun d'advocatas e d'advocats cun lur clientella, il secret da pastoraziun il barat tranter ils spirituals e las commembras ed ils commembers da la communitad. Betg d'emblidar il secret da banca che ha attribuì las relaziuns da facultad da la clientella da banca al sectur da la sfera privata e ch'è vegnì fixà l'onn 1933 en la lescha sco secret bancar per la clientella e sco cuntrapaisa a la nova surveglianza da la Confederaziun.

En quatter secturs da l'agir statal era la protecziun da la sfera privata contestada durant il 20avel tschientaner ed è vegnida limitada almain per in tschert temp. Quests secturs eran la protecziun dal stadi, ils fatgs fiscals, ils fatgs d'educaziun e las novas tecnologias.

Las assicuranzas da vita svizras mainan ditg ina banca da datas da sanadad. Las persunas pertutgadas n'eran betg infurmadas davart quest fatg. Cumbain che la Televisiun svizra rapporta l'onn 1984 davart questa collecziun da datas illegala, na midan las assicuranzas betg immediatamain lur pratica.

Irene Loebell, emissiun «Kassensturz» davart la banca da datas centrala da las assicuranzas, 17-9-1984 | SRF/SSR

La protecziun dal stadi exista dapi la fundaziun dal stadi federal l'onn 1848 ed ha l'intent da garantir l'urden public. En mira stevan persunas singulas e gruppas, a las qualas i vegniva renfatschà da commetter acziuns revoluziunaras e las qualas vegnivan perquai controlladas cun meds sumegliants a quels dal Servetsch d'infurmaziun militar. Durant il 19avel tschientaner ed al cumenzament dal 20avel tschientaner, cura ch'il stadi federal aveva anc in federalissem relativamain flaivel, manava la protecziun dal stadi ina povra vita. Durant il temp tranter las guerras e pir da dretg durant la Guerra fraida èn las activitads da la protecziun dal stadi dentant vegnidas extendidas fermamain. Gruppaziuns estras e sanestras u radicalas da sanestra – tut en tut quasi in milliun persunas – èn vegnidas survegliadas sistematicamain e per il pli senza ch'ellas savevan quai. Suenter la fin da la Guerra fraida, cura che la dimensiun dal spiunadi è vegnida enconuschenta ed ha chaschunà «l'affera da fischas», n'ha la Confederaziun betg pli pudì evitar da reorganisar fundamentalmain la protecziun dal stadi, da la suttametter ad ina surveglianza pli rigurusa e da rinforzar uschia la sfera privata da las persunas controlladas.

In segund sectur, en il qual la protecziun da la sfera privata è vegnida limitada durant l'ultim temp, èn ils fatgs fiscals. En cumparegliaziun cun auters stadis europeics gieva il dretg fiscal svizzer tradiziunalmain a favur dals pajataglias. En Svizra na vegn la taglia sin las entradas betg deducida preventivamain dal salari sco quai ch'igl è usità en auters sistems fiscals, mabain calculada pir posteriuramain sin basa da la decleraziun da taglia. Durant l'entir 20avel tschientaner era l'omissiun fiscala in fenomen derasà en moda relativamain ferma en Svizra, betg sco ultim pervia dals chastis minimals e pervia da la protecziun dal secret da banca. Per encuraschar ils pajataglias da declerar posteriuramain la facultad omessa, ha la Confederaziun decretà pliras giadas in'amnestia fiscala. Quai ha permess als pajataglias da denunziar sasezs per las valurs da facultad betg decleradas, senza vegnir chastiads persuenter. Suenter ina tala amnestia èn s'augmentadas las facultads taxadas l'onn 1945 per 28 pertschient e l'onn 1969 per 25 pertschient – l'omissiun fiscala era praticamain daventada in sport popular. Quai è sa midà pir durant ils ultims decennis, sut la pressiun internaziunala tant da vart da la UE sco er da la OECD (Organisaziun da cooperaziun e svilup economic).

Tgi che na correspunda cun ses cumportament betg al maletg usità da la societad, daventa enturn l'onn 1900 facilmain unfrenda da mesiras disciplinaras uffizialas. Giuvenilas e giuvenils vegnan internads en chasas da correcziun sco per exempel en quest «asil per mattas che han pers la favur e ch'èn plain ricla». L'educaziun a la lavur stat qua en il center. La sfera privata da las mattas internadas na vegn strusch respectada.

Di da laschiva en il Magdalenenheim, Turitg, enturn 1900 | Fundaziun Hirslanden Center socialpedagogic per dunnas giuvnas, Turitg

En il rom dals contracts bilaterals cun la UE sco er surpigliond ils standards da la OECD, particularmain il barat automatic d'infurmaziuns, ha la Svizra restrenschì considerablamain la pussaivladad d'engianar – cunzunt per las fugitivas ed ils fugitivs fiscals esters. Facticamain è uschia crudada davent la protecziun dal secret da banca. Durant ils ultims decennis èsi daventà pli difficil da sa referir a la sfera privata per mitschar sco preda dal fiscus.

Ils fatgs d'educaziun furmavan in terz champ, nua che las autoritads statalas violavan sistematicamain la sfera privata u toleravan talas violaziuns. Durant il 19avel ed il 20avel tschientaner vegnivan ils plazzaments extrafamigliars d'uffants, da giuvenils e da persunas

Il pitschen magnetofon Nagra SN da la firma svizra Kudelski cun ina qualitad da tun excellenta vegn duvrà da la polizia svizra. Fin en ils onns 1970 vegn l'apparat furnì er al servetsch secret exteriur dals Stadis Unids da l'America CIA per far registraziuns zuppadas.

Kudelski, registratur da spiunadi, magnetofon Nagra SN, 1973 | Museum naziunal svizzer creschidas en chasas ed en instituts savens accumpagnads da violaziuns da l'integritad da las scolaras e dals scolars sco er da las cussadentas e dals cussadents. Betg sco ultim faschevan part da quai er rituals penals publics umiliants sco per exempel la pratica derasada da laschar preschentar ils uschenumnads pischaletgs a tut las autras scolaras ed a tut ils auters scolars lur rauba da letg tschuffa e d'als far lavar quella silsuenter. Er en cas d'agressiuns sexualas e da violenza sexuala ch'èn capitadas en bleras chasas ed en blers instituts, n'è la sfera privata da las victimas betg vegnida resguardada – quai cun grevas consequenzas traumaticas per las persunas pertutgadas. Er qua han organisaziuns internaziunalas pretendì ina protecziun giuridica pli rigurusa per las victimas sco er l'integritad fisica e psichica da talas. Intgins onns suenter la participaziun da la Svizra a la Convenziun europeica dals dretgs umans l'onn 1974 èn per exempel vegnidas abolidas las leschas concernent ils plazzaments administrativs. Er la Convenziun davart ils dretgs da l'uffant da las Naziuns Unidas (1989) ha procurà ch'ils dretgs da l'uffant vegnan resguardads oz pli fitg en la scienza ed en la pratica.

La finala èn las innovaziuns tecnicas stadas ina sfida permanenta per la protecziun da la sfera privata. Il vegl secret da posta valeva suenter l'introducziun dal telegraf e dal telefon er per ils novs meds da communicaziun. Dapi ils onns 1960 han las novas tecnologias da surveglianza provocà pliras giadas respostas politicas ch'empruvavan da garantir la protecziun da la sfera privata. Quella giada tractavan las debattas indrizs da spiunadi en miniatura e mini-cameras («mini-spiuns»), pli tard la surveglianza cun video en il spazi public ed oz la protecziun da datas e la protecziun da la sfera privata en las raits socialas. Cun la digitalisaziun ha la protecziun da la sfera privata obtegnì ina dimensiun radicalmain nova. Oz na vai betg pli per l'opposiziun tranter burgaisa, burgais e stadi, mabain er per la pussanza dals concerns da tecnologia internaziunals.

Tuts Svizzers èn eguals davant la lescha

Cst. 1848, art. 4

Per l'emprima giada dretg civil per gidieuas e gidieus svizzers

Cun la revisiun da la Constituziun federala da l'onn 1874 è svanida l'ultima resalva envers ils gidieus en il dretg civil svizzer. Ussa pudevan er las abitantas ed ils abitants gidieus da tut ils chantuns candidar per ina natiralisaziun. Tut ils burgais masculins, independentamain da lur religiun, survegnivan il dretg da votar e d'eleger e duevan vegnir tractads da l'administraziun e da las dretgiras tuttina sco tut las autras persunas indigenas. La cretta e la derivanza na giugavan nagina rolla pli per ils dretgs civics.

Ils artitgels 49 e 50 da la Constituziun federala da 1874 fixavan supplementarmain la libra pratica da la cretta. Per l'emprima giada stevi liber a tut las abitantas ed a tut ils abitants da s'organisar en novas federaziuns per lur ritus e per lur cult divin. Finalmain sa laschavan cumbinar ina cun l'autra las appartegnientschas «burgais svizzer» e «da cretta gidieua» – u sco quella giada duvrà pli savens «israelit». Uschenavant il text constituziunal.

Ils burgais svizzers han targlinà cun parter lur dretg da burgais e lur dretg civil cun las persunas gidieuas. Auters stadis europeics avevan realisà l'idea da «l'emancipaziun dals gidieus» gia bler pli baud. Ins pudess supponer ch'il plaun process democratic da la renconuschientscha dals gidieus avess purtà in meglier resultat, numnadamain quel, d'ina colliaziun natirala tranter il text constituziunal e la pratica en la vita da mintgadi. En la realitad devi però anc ina largia considerabla tranter il pled e sia significaziun. Eran ils burgais pronts d'unir ils differents basegns? U stuevan ils novs burgais plitgunsch simplamain s'adattar?

Dapi la fundaziun da la Republica helvetica l'onn 1798 vegnivi discutà davart il dretg da burgais e davart il dretg civil per gidieus. L'idea generala d'egualitad ed il text constituziunal da la Republica

Il mediciner e fisiolog da renum internaziunal Gustav Gabriel Valentin (1810–1883) cumenza l'onn 1836 ina professura a l'Universitad da Berna. Sco gidieu n'eri fin lura betg stà permess ad el da surpigliar ina professura en ina Scola auta tudestga. Gia il 1850 aveva el survegnì dal chantun Berna il dretg da burgais, ditg avant ch'ils gidieus han survegnì l'egualitad giuridica sin plaun federal l'onn 1874.

Purtret da Gustav Gabriel Valentin, stampa grafica sin palpiri | Mss.Mül. Gr.A.1290 | Burgerbibliothek Berna

sugerivan che la derivanza, la cretta e la schlattaina na duajan avair nagina impurtanza per ils dretgs da la singula persuna. Cuntrari a la Frantscha ha la renconuschientscha da dretg public da la populaziun gidieua fatg naufragi en Svizra al cumenzament dal 19avel tschientaner. Blers chantuns scumandavan la nova domiciliaziun da gidieuas e gidieus. Singuls chantuns als refusavan il dretg da restar. Adina puspè devi expulsiuns sulettamain pervia da l'appartegnientscha religiusa. Per fundar famiglia stuevan ils figls e las figlias partir a l'exteriur. Las famiglias gidieuas na dastgavan betg s'organisar en in'uniun religiusa. Strusch in chantun permetteva da nominar in rabin. Ma excepziuns conferman la regla: Il chantun Berna ha concedì il dretg civil gia l'onn 1850 ad in academicher gidieu da l'universitad. La citad da Berna ha dentant refusà il dretg da burgais communal. A Basilea Citad han quella giada in pèr famiglias ch'eran economicamain prosperaivlas, survegnì permissiuns spezialas da sa domiciliar permanentamain. A medem temp ha Basilea expulsà commerziants bain situads che lavuravan gia dapi ditg en la citad, cumbain ch'els n'avevan nagina permissiun formala.

L'imperi tudestg conceda als gidieus ils dretgs da burgais cumplains. Els ston pia er far servetsch militar. En la Guerra franco-prussiana 1870/71 fan spirituals gidieus servetschs divins militars per gidieus. Questa scena tenor il ciclus da Moritz Daniel Oppenheim na correspunda betg a l'eveniment istoric en il champ davant Metz. Ella represchenta plitgunsch la valur simbolica da l'appartegnientscha naziunala.

Taila commemorativa per in servetsch divin militar gidieu, en vischinanza da Metz, 1870, taila | Museum gidieu da Westfalen

הלא אב אחד לכלנו הלא אל אחד בראנו:
Haben wir nicht Alle einen Vater? Hat uns nicht Alle ein Gott geschaffen?
עבדת יום הכפורים תרל״א במחנה
אשר על פני מיץ:
Gottesdienst am Versöhnungstage im Lager vor Metz.
1870.

La debatta davart ils dretgs dals gidieus è restada en Svizra – cuntrari a quella en ils pajais vischins da lingua tudestga e franzosa – sut l'ensaina da «l'ester» e da l'immigrant. Mintgatant era la designaziun «ester» manegiada en il senn da dretg public. Mintgatant valitava ella ina differenza culturala e mintgatant in grad da parentella. Duvradas retoricamain s'intensivavan questas differentas resalvas. Mo darar vegnivi discutà, sche abitantas ed abitants gidieus pudessan contribuir a la burgaisia, cumbain ch'els n'eran betg dal tuttafatg discrets, dal tuttafatg «assimilads».

L'istorgia da l'emancipaziun da la populaziun gidieua europeica vegn discutada a maun da dus models: La Frantscha ha surpiglià il model revoluziunar. Mintga um survegniva tut ils dretgs e tut las obligaziuns civilas senza resalvas e dueva scuvrir tras questa appartegnientscha naziunala er finamiras cuminaivlas. La Prussia percunter ha elegì il princip d'educaziun. Sch'ina minoritad da la societad s'integrava en la maioritad da la societad, vegniva ella recumpensada cun ina meglra posiziun giuridica. L'emprim model valitescha pli fitg ils dretgs fundamentals da l'individi, il segund resguarda pli fitg las structuras socialas e giuridicas dal giudaissem. En la realitad sa maschadavan quests dus models. Uschia ha per exempel il giudaissem franzos survegnì gia durant il temp da Napoleun in'organisaziun ecclesiastica statala che administrava las pajas dals rabins e dals magisters. Da la vart tudestga ha il gronducadi Baden endrizzà l'onn 1809 ina structura ecclesiastica statala per ils «Israelits da Baden». E pertutgant il servetsch militar general, han burgais gidieus cumbattì dad omaduas varts en la Guerra franco-prussiana 1870/71.

L'emancipaziun svizra dals gidieus na sa lascha attribuir a nagin da quests models, perquai ch'i mancavan elements essenzials per renconuscher questa minoritad. La revisiun da la constituziun da l'onn 1874 n'ha strusch sustegnì l'existenza da la cultura gidieua en noss pajais. Fin la fundaziun da l'emprima organisaziun gidieua naziunala, la Federaziun svizra da las communitads israelitas, èn passads anc 40 onns. Davart ulteriuras midadas necessarias na vegnivi strusch discutà. Co dueva per exempel sa preschentar l'obligaziun da far servetsch militar d'in Svizzer che n'appartegneva betg a la baselgia statala tradiziunala da ses chantun? Tge firà era en l'avegnir liber da servetsch, e tge ingredienzas arrivavan ussa en l'avnaun da gulasch?

Il pictur da purtrets e da cuntradas Elie Wolf ha creà dal 1853 fin il 1855 ina seria davart il militar en il giuven Stadi federal svizzer. Quests fegls, publitgads en l'ediziun bilingua da la chasa editura dad ses frar Georg Wolf, han contribuì a furmar l'idea d'ina unitad federala tras unifurmas e servetsch militar. Georg Wolf, naschì e domicilià a Basilea, aveva laschà eleger sasez en il Cussegl grond, suenter ch'el aveva survegnì il dretg da burgais l'onn 1875.

Elie Wolf, Georg Wolf, sapeurs tar la construcziun da faschinas, Basilea, 1852–1855, litografia sin palpiri da velin | Museum naziunal svizzer

SCHWEIZERISCHE ARMEE.

ARMÉE SUISSE.

SAPEUR.

Nº 6.

Lith. G. Wolf in Basel.

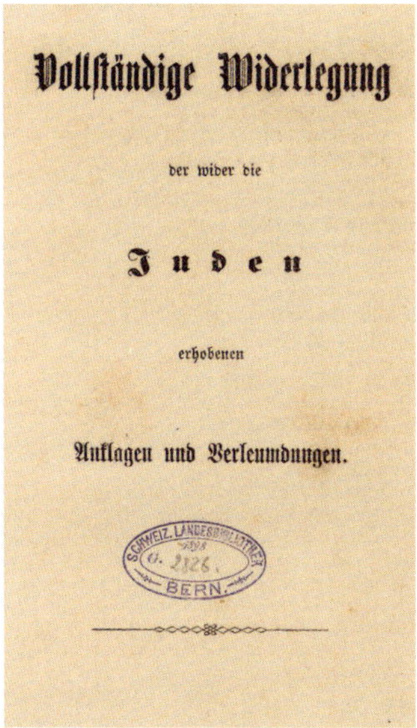
Vollständige Widerlegung

der wider die

Juden

erhobenen

Anklagen und Verleumdungen.

Scrittira: Moritz Kayserling, Vollständige Widerlegung der wider die Juden erhobenen Anklagen und Verleumdungen, Baden, 1862

Biblioteca naziunala svizra

Il scienzià Moritz Kayserling (1829–1905) era in filolog ed istoricher multifar. Dal 1861 fin il 1870 è el stà rabin en las duas vischnancas da l'Argovia Endingen e Lengnau. Durant il temp dals cumbats davart il dretg da burgais dals gidieus en Svizra era el s'engaschà politicamain e publicisticamain cun artitgels da gasetta, pleds e scrittiras da scleriment.

Jólan Kayserling, purtret da Moritz Kayserling, ieli sin taila da glin | Museum ed archivs gidieus da l'Ungaria

La *Allgemeine Zeitung des Judentums* da Leipzig, l'organ da lingua tudestga il pli impurtant da la burgaisia gidieua liberala durant il 19avel tschientaner, n'ha publitgà l'onn 1874 gnanc in'unica novitad davart l'emancipaziun giuridica dals gidieus en Svizra. Questa emancipaziun n'era evidentamain nagina occasiun per giubilar. Percunter han ils correspundents rapportà davart ils problems da la populaziun gidieua pratitganta en il mintgadi da la Svizra. Cunzunt la nova attatga da las uniuns svizras per la protecziun dals animals cunter la metoda da mazzar dals gidieus fascheva quitads. Tge valeva la libertad da religiun, sche gia prescripziuns da dieta pudevan vegnir valitadas sco cuntravenziun cunter l'urden moral general? Il tema aveva animà gia pli baud l'atmosfera antisemitica. L'onn 1867 ha il rabin Moritz Kayserling scrit in text, nua ch'el ha declerà en moda detagliada il ritus da stgannar. Il rabin argovian aveva dumandà il giudicament da represchentants internaziunals da la medischina e da la medischina veterinara. Ils experts avevan considerà questa metoda da mazzar sco nunproblematica. En ina prefaziun ha Kayserling appellà als mitus da libertad da la naziun da las Alps, quai per far reclama per l'avertadad culturala:

«La libra Svizra, la patria dals chatschaders da chamutschs, en la quala vegnan sajettads onn per onn tants millis chamutschs, tschiervs e chavriels, è stada l'emprima che ha empruvà da scumandar als gidieus da pratitgar lur obligaziun religiusa; quai cun il pretext che lur ritus da mazzar maltractia ils animals.»

L'engaschament da Moritz Kayserling n'è betg stà suffizient. Las vuschs cunter la tradiziun gidieua d'elavurar charn n'èn betg sa laschadas impressiunar dal princip constituziunal da la libertad da religiun ed han preparà l'onn 1891 la pli emprima iniziativa federala dal pievel. Quella ha chaschunà il scumond dal mazzament koscher, che vala fin oz. Quella giada ha il resultat da la votaziun mussà cleramain, ch'ins sto prestar anc blera lavur da persvasiun, fin ch'il princip constituziunal da la libertad da religiun po sa far valair en il mintgadi.

Mintga persuna ha, en proceduras davant instanzas giudizialas ed administrativas, il dretg d'in

tractament egual e gist...

Cst. 1999, art. 29 al. 1

Il svilup da las garanzias da procedura en il dretg constituziunal federal

La lescha fundamentala da la Svizra cuntegna – ultra dals dretgs fundamentals da las singulas persunas – numerusas garanzias da procedura cunzunt per proceduras giudizialas (artitgels 29 fin 32). Avant l'onn 1999 n'era la gronda part da quests dretgs betg francada explicitamain en la Constituziun svizra. Quai na signifitga dentant betg, che las dretgiras na resguardavan betg gia avant quests dretgs.

La Constituziun federala da l'onn 1848 na menziunava strusch garanzias da procedura e dretgs fundamentals. Uschia eri per exempel previs, che tschertas chaussas penalas – tar quellas tutgavan en spezial ils delicts politics – stuevan vegnir giuditgadas dal Tribunal federal cun giuraders. Las dretgiras da giuraders, ch'èn entant vegnidas abolidas, vegnivan quella giada consideradas sco garanzia per ina buna giurisdicziun. La fin finala vegnivan ellas numnadamain controlladas dals burgais, sco quai ch'igl era daditg il cas en l'Engalterra e dapi la revoluziun franzosa en Frantscha. La constituziun garantiva er a tuts l'access a las dretgiras da lur lieu da domicil (artitgel 53). La finamira era cunzunt quella da scumandar dretgiras extraordinarias. Suenter las revoltas politicas dals onns 1840 eran talas dretgiras vegnidas installadas en tscherts chantuns, sco per exempel il 1844 en il Vallais. Suenter la sconfitta da la «Giuvna Svizra» liberala en la battaglia da Trient avevan ils victurs conservativs stgaffì ina dretgira speziala – il Tribunal central. Quel giuditgava davart delicts politics e supprimiva en quest connex l'opposiziun.

L'artitgel 4 da la Constituziun federala ha silsuenter giugà ina rolla impurtanta en connex cun l'elavuraziun da las garanzias da procedura. Oriundamain avess quest artitgel oravant tut duì procurar per l'egualitad politica, quai cun garantir ch'ils dretgs da burgais vegnian observads. Da princip avevan tut ils burgais masculins il dretg da quels.

La Constituziun federala da 1874 n'ha strusch extendì la glista dals dretgs processuals. Tras ella è il Tribunal federal dentant daventà ina instituziun permanenta, che giuditgescha la violaziun dals dretgs constituziunals dals burgais. Fin qua era quai resalvà al Cussegl federal ed a l'Assamblea federala.

A partir da l'onn 1877 ha il Tribunal federal per exempel renconuschì la pussaivladad da far valair ils dretgs davant dretgira sco dretg fundamental. Sche las autoritads refusian als burgais da far valair lur dretgs, cuntrafetschia quai al princip dal tractament egual, ha proclamà il tribunal. Ils onns suandants ha el er deducì da l'artitgel 4 il scumond da sentenzias giudizialas arbitraras. Decisiuns che corre-

Cura ch'ils liberals en il Vallais sa revolteschan – en connex cun ils corps da voluntaris – cun armas cunter la regenza catolic-conservativa, datti ils 25 da matg 1844 ina mazzacrada sper l'aual da Trient. Als survivents vegni fatg il process davant ina dretgira speziala. Talas proceduras giudizialas manadas tras da las autoritads scumonda la constituziun da 1848.

Martin Disteli (attribuì), cumbat da Trient, 1844, litografia | Museum naziunal svizzer

spundevan ad ina refusa da l'applicaziun da la lescha duevan pia vegnir consideradas sco violaziun dal dretg constituziunal. In pau pli tard ha il Tribunal federal schizunt deducì dal princip dal tractament egual, ch'ina partida senza meds finanzials haja il dretg d'ina assistenza giuridica gratuita. L'access ad ina dretgira u la pretensiun da tscherts mussaments na dastgian betg vegnir refusads ad ina tala persuna, perquai ch'ella na possia betg pajar sezza ils custs.

Successivamain ha il Tribunal federal concedì a las partidas – particularmain en ina procedura civila u penala – il dretg da vegnir tadlads avant ina decisiun che las pertutga. Il dretg sin attenziun giuridica premettia, che las persunas inculpadas possian prender

TRIBUNAL FEDERAL

Il liberal tudestg Ludwig Snell vegn sco fugitiv politic en Svizra. El propona gia quella giada il princip, ch'ina persuna accusada vala sco innocenta, fin ch'ella è sentenziada. En la Constituziun federala da 1848 manca la presumziun d'innocenza.

Carl Friedrich Imringer, purtret da Ludwig Snell, Turitg | Museum naziunal svizzer

Il Tribunal federal curregia per part negligientschas en las sentenzias da las dretgiras chantunalas. El introducescha uschia ina tscherta unitad en il battibugl da la giurisdicziun svizra. Fin en il 21avel tschientaner na datti en Svizra nagin urden unifitgà, co che process duain vegnir manads.

Chasa dal Tribunal federal, album da fotografias da Peter e Ruth Herzog, Losanna, avust 1912 | Museum naziunal svizzer

invista dals documents da procedura, en spezial da quels documents che cuntegnan l'identitad da las perditgas. Il tribunal suprem ha er fatg attent al fatg, ch'ina persuna inculpada na possia betg vegnir sentenziada, sch'ella na saja betg vegnida envidada cun vigur legala a la tractativa principala per sa defender. Da decisiun a decisiun ha il Tribunal federal concepì uschia il dretg sin attenziun giuridica, uschia sco quai ch'el è ussa previs en la Constituziun federala da 1999 per mintga procedura giudiziala u administrativa (artitgel 29). Ozendi pussibilitescha quest dretg a tut las persunas participadas en ina procedura giudiziala da s'exprimer avant ina sentenzia, da prender invista da las actas, da preschentar mussaments relevants u da survegnir in'argumentaziun per la sentenzia.

La Constituziun federala da 1999 cuntegna – cuntrari a las constituziuns dals onns 1848 e 1874 – disposiziuns che restrenschan l'agir statal en chaussas penalas. Quai è il cas en l'artitgel 31 davart la privaziun da la libertad ed en l'artitgel 32 davart la procedura penala, en ils quals la presumziun d'innocenza è francada spezialmain. Quest princip è vegnì integrà en il dretg constituziunal modern la fin dal 18avel tschientaner, tranter auter en la Decleraziun dals dretgs umans e dals dretgs civils da l'onn 1789 (artitgel 9). En Svizra aveva il Tudestg liberal Ludwig Snell ch'era domicilià a Turitg, sa laschà inspirar dal dretg da revoluziun franzos. En ses sboz da la constituziun, ch'el ha publitgà l'onn 1831, aveva el nudà la presumziun d'innocenza. Intgins chantuns, sco Berna e Basilea-Citad, avevan francà quella en lur constituziun il cumenzament dals onns 1830. Quest princip n'è dentant betg vegnì integrà en las Constituziuns federalas dals onns 1848 e 1874. Pir la fin dal 20avel tschientaner ha il Tribunal federal fatg attent al fatg, ch'ils dubis stoppian vegnir da bun a la persuna accusada – *in dubio pro reo*. Da quel temp era quest princip damai gia cuntegnì en la Convenziun europeica dals dretgs umans (CEDU) ed en il Patg da la ONU davart ils dretgs civils e politics, ils quals la Svizra ha ratifitgà il 1974 respectivamain il 1992.

Cunzunt dapi il 1974 ha il Tribunal federal armonisà uschia las garanzias, ch'el aveva deducì da la Constituziun federala, cun ils princips da la CEDU. A partir da l'onn 1978 ha el lura dà d'entellir, che las garanzias da la CEDU areguard il dretg d'ina procedura gista surpassian sia atgna giurisdicziun en cas dal dretg sin attenziun giuridica davant dretgira. Il Tribunal suprem svizzer ha renconuschì uschia per l'emprima giada, ch'ina persuna inculpada sto survegnir durant ina procedura almain ina giada la pussaivladad d'esser preschenta tar l'interrogaziun da perditgas ch'al engrevgeschan e da pudair far dumondas a quellas.

Durant il 20avel tschientaner vegn la Svizra sentenziada il pli savens dal Tribunal europeic dals dretgs umans, perquai ch'ella n'ha betg admess ina procedura gista. Uschia er en il cas da Marlène Belilos, qua cun ses advocat davant il Tribunal federal.

Marlène Belilos e Jean Lob davant il Tribunal federal a Losanna, Actualités Suisses Lausanne, 27-4-1988 | Museum naziunal svizzer

Ins vesa che las constituziuns da 1848 e 1874 concedivan a las singulas persunas mo garanzias da procedura modestas. Lur amplificaziun è resultada da la giurisdicziun dal Tribunal federal pli extensiva. A partir dals onns 1970 ha lura il dretg da contracts incità il Tribunal suprem d'amplifitgar quests dretgs. Vegnids codifitgads èn els per gronda part en la Constituziun federala da 1999.

Mintga persuna
ha il dretg da

libertad d'expressiun

CEDU, art. 10 al. 1

Dretgs fundamentals da la Constituziun svizra:

LIBERTAD DA PRESSA, LIBERTAD D'OPINIUN, LIBERTAD D'ART

La libertad da pressa ed il dretg d'exprimer la libra opiniun eran ina pretensiun centrala da l'illuminissem. La decleraziun franzosa dals dretgs umans e dals dretgs civils da l'onn 1789 caracterisescha la libra communicaziun da las ideas e da las opiniuns sco «in dals dretgs umans ils pli prezius». La constituziun helvetica da l'onn 1798, ch'è per gronda part vegnida imponida als chantuns, s'orientava a quest ideal e garantiva per l'emprima giada la libertad da pressa sin il territori da la Svizra. La censura severa tras las autoritads ha però cuntinuà en differentas furmas. Sin plaun chantunal è la libertad da pressa vegnida integrada successivamain en las constituziuns chantunalas liberalas pir suenter ils onns 1830.

Nr. 44. den 3. November 1825.

Der aufrichtige und wohlerfahrne

Schweizer-Bote

Aarau, bei H. R. Sauerländer.

Hausmannskost für Staats- und Landwirthe, die schlecht wirthen, zumal im schweizerischen Hochland.

Vorkost zur Hausmannskost.

Es lebt ein Biedermann im Schweizerland, der liebt sein Vaterland von ganzem Herzen, und opfert zum Besten desselben viel von seiner Zeit, seinen Kräften, seinem Vermögen auf, ohne alle Vergeltung — denn wie könnte er sonst ein Biedermann sein? Der wohnt in Unterseen, Kantons Bern, heißt Karl Kasthofer, und ist ein Oberforstler seines Kantons, und nebenbei noch etwas mehr als das, wie alle Edeln des Schweizerlandes gar wohl wissen.

Zensur-Lücke.

So ungefähr dachte der weise und gute Kasthofer. Und er machte sich abermals auf, und reisete durch das Hochland unserer Schweiz, und sah Alles und beschrieb es, und ließ seine Bemerkungen im Druck ausgehen*) für alle Welt.

*) Die beiden Büchlein heißen: Bemerkungen auf einer Al-

Cuntrari ad auters dretgs fundamentals è la libertad da pressa francada gia en la Constituziun federala da 1848 che abolescha er la censura. Per ils fundaturs cun lur tenuta liberala èsi impurtant, ch'ils burgais possian furmar in'atgna opiniun davart la vita politica.

Largia da censura, Schweizer Bote, nr. 44, Aarau, 3-11-1825, p. 1 | Biblioteca statala da la Bavaria, Minca

En la Constituziun federala da 1848 è la libertad da pressa cuntegnida gia dapi il cumenzament sco «dretg fundamental federal». La finamira era quella, da proteger la pressa sco forum per il barat democratic e da limitar las mesiras da censura dals chantuns. Las disposiziuns penalas cunter l'abus da la libertad èn vegnidas mantegnidas. Durant l'Emprima e durant la Segunda Guerra mundiala è la libertad da pressa vegnida limitada. Ultra da quai ha la controlla statala da persunas intellectualas, d'artistas ed artists durant la Guerra fraida sco er da moviments politics, sco per exempel las revoltas da la giuventetgna dals onns 1980, limità la libertad d'opiniun.

Tge ha propi protegì la libertad da pressa d'emprim ennà? Ina protecziun survegnivan mo products stampads mecanicamain, che publitgavan decleraziuns «en il servetsch da la generalitad» u ductrinas. Las expressiuns d'opiniuns che na pertutgavan betg questa categoria, n'eran betg protegidas. En general ha il Tribunal federal renconuschì la libertad d'exprimer sia opiniun pir l'onn 1961 sco

Durant la segunda mesadad dal 20avel tschientaner vegn adina pli savens crititgada la pussanza da las inserentas e dals inserents envers las schurnalistas ed ils schurnalists. Tar la televisiun e tar il radio ha il stadi plinavant il monopol fin en ils onns 1980. Quest monopol vegn schlià er pervia dal squitsch tras las manifestaziuns sin via.

Gertrud Vogler, manifestaziun per la libertad da pressa, Münsterhof Turitg, 8-8-1980 | F 5107-Na-10-043-021 | Archiv social svizzer, Turitg

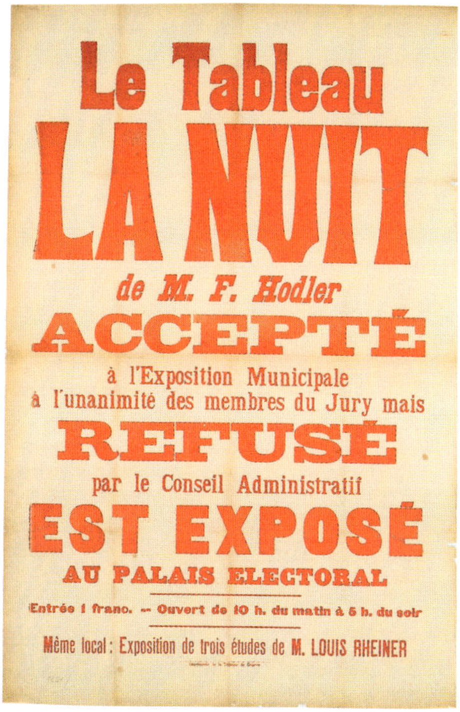

Il maletg *La Nuit* da Ferdinand Hodler vegn preschentà il 1891 a chaschun da l'avertura d'ina exposiziun municipala a Genevra. Il Cussegl municipal da Genevra lascha curt suenter puspè allontanar il maletg da l'exposiziun, quai per «motivs morals». Per in franc pon ins guardar il maletg en in auter lieu.

Ferdinand Hodler, Le Tableau La Nuit, Genevra, 1891, palpiri sin chartun | Ca 1121 | Biblioteca da Genevra

dretg fundamental nunscrit da la Constituziun federala. En ina sentenzia ch'è suandada pauc suenter, ha el suttamess er il film a la protecziun da la libertad d'exprimer sia opiniun. La libertad da pressa ha pia servì sco «punct da partenza» dal dretg cumplessiv d'exprimer libramain sia opiniun. Ella è in exempel illustrativ per la vitalitad da la Constituziun federala svizra.

Il catalog dals dretgs fundamentals sa sviluppa permanentamain vinavant er en Svizra, quai en il dialog tranter la societad civila, las dretgiras e la giurisprudenza. El è pia per regla abel da far frunt adequatamain a las midadas tecnicas e socialas. Spezialmain bain sa lascha quest svilup dals dretgs fundamentals mussar a maun da l'exempel da la libertad da l'art: Ni la Constituziun federala da 1848 ni quella da 1874 n'han reglà la protecziun da la libertad da l'art. Ma en lur giurisdicziun han las dretgiras sviluppà dapi il 19avel tschientaner in'atgna moda d'ir enturn cun l'art. Gia baud han ellas mussà la prontezza da resguardar la posiziun excepziunala da l'art en la societad e sia contribuziun a la diversitad culturala ed al discurs democratic. Durant il 20avel tschientaner ha il Tribunal federal intensifitgà questa giurisdicziun s'occupond da la censura severa da film tras ils chantuns. Quai ha procurà per la renconuschientscha da la libertad da l'art sco dretg fundamental autonom.

Per il svilup tematic da la libertad da l'art sco dretg fundamental en Svizra è stada decisiva la giurisdicziun – posteriura a la politica d'art desastrusa dal naziunalsocialissem – dal Tribunal constituziunal federal da la Germania. Er la protecziun dals dretgs umans en ils contracts internaziunals e la giurisdicziun dal Tribunal europeic dals dretgs umans (TEDU) èn stadas impurtantas. La sentenzia dal TEDU en chaussa Müller cunter la Svizra da l'onn 1988 è fin oz la sentenzia directiva decisiva pertutgant la libertad da l'art. En quest causal sa tractavi dal tripticon *Drei Nächte – drei Bilder* da l'artist Josef Müller, ch'è vegnì exponì l'onn 1981 a Friburg e che preschentava avertamain acts sexuals. Cun sia sentenzia ha il tribunal a Strasbourg confermà, ch'il dretg da la libertad d'opiniun protegia er expressiuns artisticas.

En divers chantuns è il kino suttamess fin en ils onns 1970 a mesiras da censura severas. Sin basa da l'annunzia d'ina persuna, che aveva mo legì ina descripziun dal film, vegn la preschentaziun dal film *Pink Flamingos* scumandada l'onn 1974 en il chantun Turitg.

John Waters, Pink Flamingos, placat da film, USA, 1972 | Keystone

La Constituziun federala vertenta garantescha differents dretgs fundamentals concernent la communicaziun. La libertad d'opiniun (art. 16) exprima l'idea generala da la libra communicaziun. Ils dretgs fundamentals specifics concernent la communicaziun concretiseschan questa protecziun per tscherts secturs da la vita, sco per exempel la libertad da las medias (art. 17), la libertad da la scienza (art. 20), u la libertad da l'art (art. 21).

La libertad d'opiniun vala sco fundament da l'urden constituziunal democratic. Ella protegia la pussaivladad da furmar in'atgna opiniun e da sa participar al barat davart interess politics, socials e culturals. Quest dretg fundamental dat pia spazi al basegn uman da sa barattar cun auters umans. Quai serva adina er a sviluppar l'atgna persunalitad. Il liber barat d'ideas e d'opiniuns en la publicitad pussibilitescha ina societad diversa e vitala. Essenziala è en quest connex la supposiziun che er opiniuns che vegnan percepidas sco faussas u sco irritantas èn protegidas en ina democrazia. Quai sa basa sin l'ipotesa, che l'intellect uman è privà da las vardads absolutas e che la savida d'ina societad sa sviluppa permanentamain vinavant. In discurs public davart las differentas posiziuns sco er toleranza envers persunas d'autra opiniun ed envers critica en la publicitad valan sco premissas, per ch'ils umans e las cuminanzas politicas possian sa sviluppar libramain. Ils dretgs fundamentals concernent la communicaziun valan pia er sco «oxigen indispensabel per la democrazia».

Jean Pierre JACKSON présente une sélection NEW LINE International
Pink Flamingos
AN EXERCISE IN POOR TASTE
"Pink Flamingos" is the sickest movie ever made. And one of the funniest." — Interview
"The nearest American film to Bunuels Andalusian Dog." — New York Magazine
Starring: DIVINE David Lochary Mary Vivian Pearce Mink Stole and introducing Danny Mills
Directed by John Waters in color from Saliva Films

En connex cun quest maletg vegn, ultra d'acts sexuals explicits, lamentada sco blasfemia ina *deposiziun da la crusch da Jesus* moralmain condemnabla. La Regenza da Friburg confiscescha il 1981 tut ils trais maletgs da questa seria da Josef Felix Müller. Per als returnar va l'artist fin davant il Tribunal europeic. Curt avant la pronunzia da la sentenzia vegnan ils maletgs dads liber. La Svizra mitscha uschia da vegnir sentenziada.

Josef Felix Müller, emprim maletg dal tripticon *Drei Nächte – drei Bilder*, 1981, dispersiun sin mangola | Josef Felix Müller

La libertad d'opiniun protegia l'entir process da communicaziun, da la producziun sur la distribuziun fin a la recepziun d'expressiuns. Protegidas èn tut las furmas d'expressiun sco discurs, publicaziuns, art, demonstraziuns u acts simbolics. La protecziun da la libra expressiun da l'opiniun cumpiglia er in scumond da censura. Il scumond da censura sa basa sin la disfidanza envers mintga opiniun decretada dal stadi u en autra moda autoritara e sa posa sin la presumziun, che las posiziuns main persvadentas vegnian relativadas en il discurs public. Il Tribunal federal ha renconuschì gia en ina sentenzia da l'onn 1893 il princip, che sa fidond da l'abilitad da giuditgar da las burgaisas e dals burgais, na protegia il dretg fundamental betg mo las ductrinas ch'èn renconuschidas sco vardaivlas, mabain er quellas che valan sco faussas. Medemamain gia baud ha il Tribunal federal concedì ina protecziun spezialmain ferma a la critica envers l'administraziun publica ed a manifestaziuns politicas. Valair vala il princip, ch'il stadi na dastga impedir nagin d'exprimer sia opiniun. Tuttina na vala quest dretg betg absolutamain. Limitas existan mintgatant là, nua che auters bains giuridics, sco per exempel il corp, la vita u ils dretgs persunals da terzs, vegnan violads massivamain. Scumandà èsi per exempel da derasar remartgas rassisticas, quai per proteger la dignitad umana.

Il stadi n'è betg mo obligà da respectar e da proteger la libra communicaziun, el sto er stgaffir – cun agid da mesiras concretas sco promoziun, furmaziun u legislaziun – las cundiziuns generalas per ch'ils umans possian er effectivamain far valair lur libertad. L'obligaziun da garanzia è da gronda impurtanza en la pratica. Quai mussa per exempel la promoziun da l'art e da las medias. La promoziun statala da las medias garantescha ina cuntrada da medias multifara sco premissa per ina democrazia che funcziuna. Il sustegn finanzial da l'art pussibilitescha ina lavur artistica libra, en la quala vegnan empruvadas ed integradas en la discussiun publica novas ideas, e quai independentamain dal gust dal martgà d'art. Il stadi na dastga però betg influenzar il cuntegn da l'art ch'el promova. Sut quest aspect dastgass la politica culturala da la defensiun spiertala da la patria, ch'è vegnida instituziunalisada durant la Segunda Guerra mundiala, avair gì ina influenza pli gronda sin la libertad da l'art sco quai ch'ins ha presumà fin ussa. Quai sa mussa per exempel en la controlla statala d'artistas ed artists, sco che la fischa da Max Frisch ch'è vegnida preparada da la Polizia federala illustrescha. Pir l'uschenumnada democratisaziun da la politica culturala suenter ils onns 1970 ha permess la libertad da l'art er en la promoziun d'art. Tendenzas surdirectivas restan dentant per part preschentas en la politica d'art fin il di dad oz. Quai è sa mussà prominentamain en l'uschenumnada affera Hirschhorn, nua che l'Assamblea federala ha reducì il preventiv da la Pro Helvetia per in milliun francs, pervia d'ina exposiziun da l'artist Thomas Hirschhorn.

La protecziun da la libertad d'opiniun è ozendi spezialmain pretensiusa en l'internet. Garantir la libertad d'opiniun en l'internet è pretensius, perquai che las opiniuns vegnan per regla exprimidas sin pussantas plattafurmas privatas sco Facebook u Twitter. Ils possessurs da questas plattafurmas n'èn però betg liads als dretgs fundamentals. Ils stadis èn responsabels da prender las mesiras da protecziun adequatas. A medem temp ston ils possessurs da las raits socialas tolerar sin lur plattafurmas er expressiuns provocativas u consternantas e da prender mesiras mo en cas excepziunals, sco per exempel en cas d'instigaziuns ad odi u a violenza.

La Confederaziun ed ils chantuns resguardan il dretg internaziunal

Cst. 1999, art. 5 al. 4

L'europeisaziun da la Constituziun federala svizra

En connex cun il term «europeisaziun» pensan ins inevitablamain a l'Uniun europeica (UE). L'Europa n'è però betg mo s'instituziunalisada en la UE, mabain er en numerusas autras organisaziuns internaziunalas – uschia per exempel en il Cussegl da l'Europa cun ses 46 pajais commembers, als quals er la Svizra appartegna. Durant ils ultims quasi 60 onns ha questa commembranza da la Svizra laschà clers fastizs, oravant tut en la Constituziun federala.

Las tensiuns en il dretg constituziunal

Che la Svizra vesa sasezza sco partenaria conscienta da la responsabladad d'in mund collià internaziunalmain, exprima gia il preambel da la Constituziun federala vertenta. La Confederaziun stoppia sa renovar cuntinuadamain «per mantegnair la libertad e la democrazia, l'independenza e la pasch en solidaritad ed avertadad vers il mund». Questa decleraziun da solidaritad da la Svizra na va dentant betg uschenavant, che la Constituziun federala fixass ina clera precedenza dal dretg internaziunal. En l'artitgel 5 vegnan la Confederaziun ed ils chantuns sulettamain obligads da resguardar il dretg internaziunal. Per regla na restrenscha il dretg internaziunal er betg il dretg d'iniziativa. L'Assamblea federala sto declerar las iniziativas dal pievel mo lura sco nunvalaivlas, sch'ellas cuntrafan a disposiziuns obligatoricas dal dretg internaziunal. Ina cuntradicziun a la Convenziun europeica dals dretgs umans (CEDU) na basta per regla betg per refusar ina iniziativa dal pievel. Uschia èn differentas iniziativas – sco per exempel l'Iniziativa d'internament dal 2004, l'Iniziativa cunter la construcziun da minarets dal 2009 u l'Iniziativa per il repatriament dal 2010 – ch'èn criticas dal punct da vista da la CEDU, vegnidas integradas en la constituziun. Questas tensiuns tranter ils dretgs democratics directs ed il standard europeic respectivamain internaziunal dals dretgs fundamentals n'èn betg svanidas cun la nova Constituziun federala da l'onn 1999. Ellas restan in dals gronds problems dal dretg constituziunal da la Svizra.

Standard europeic dals dretgs fundamentals

Sco ultim stadi europeic è la Svizra daventada l'onn 1963 commembra dal Cussegl da l'Europa ed ha ratifitgà l'onn 1974 la CEDU. Quai ha dà in emprim stausch d'europeisaziun tar ils dretgs fundamentals svizzers. Avant questa ratificaziun ha la Svizra stuì introducir il dretg da votar da las dunnas. Cun la renconuschientscha da la CEDU è ella sa suttamessa a la giurisdicziun dal Tribunal europeic dals dretgs umans. La fin dals onns 1960 eran ins dentant magari segir, che la Svizra na vegnia mai a vegnir condemnada, perquai ch'il standard svizzer dals dretgs fundamentals vegnia a satisfar a questas pretensiuns minimalas. L'istorgia vegninta ha dentant avert ils egls a la Svizra. Durant ils onns suandants hai adina puspè dà sentenzias a Strasbourg che han admonì la Svizra.

Savens pertutgavan las sentenzias ils dretgs processuals. En Svizra devi da quel temp anc in battibugl d'urdens da procedura. Uschia aveva mintga chantun ses agen urden da procedura civila e penala. Betg tuttas da quellas respectavan ils standards europeics. En la procedura penala n'era per exempel l'autoritad d'accusaziun betg adina separada da l'autoritad da decisiun, il procuratur public decideva savens gist sez en chaussa. Il Tribunal europeic dals dretgs umans ha dentant er intervegnì, perquai che la Svizra adossava ils custs da procedura a persunas inculpadas ch'eran vegnidas acquittadas. Questa devisa – «i na basta betg per ina condemnaziun, ma in zic stuais Vus tuttina vegnir punids» – n'era però betg cumpatibla cun la presumziun d'innocenza. Ultra da quai era quella giada anc restrenschida en Svizra la protecziun giuridica per diversas proceduras d'impurtanza pli pitschna. Tscherts chastis na pudevan betg vegnir contestads davant ina dretgira. Quai n'era betg confurm a la CEDU.

Il Cussegl federal planisescha da suttascriver la Convenziun europeica dals dretgs umans cun resalva dal dretg da votar da las dunnas. Protestas da numerusas uniuns da dunnas accelereschan percunter in segund project da votaziun. Per la votaziun en il chantun Turitg ha il comité d'iniziativa la confidenza en ils aderents masculins sco l'anteriur president da la citad Emil Landolt. La campagna vegn manada da l'icona da reclama Doris Gisler Truog (en pe sin il maletg).

Comet Photo SA, campagna per il dretg da votar da las dunnas, Turitg, november 1970 | Com_L19-0681-0005-0001 | Biblioteca SPF Turitg, archiv da maletgs

Ils onns 1980 e 1990 è sa sviluppada ina giurisdicziun multifara dal Tribunal europeic dals dretgs umans, che ha sviluppà vinavant e perfecziunà ils dretgs fundamentals svizzers. En cumparegliaziun cun quai è il text da la Constituziun federala veglia dal 1848/1874 restà lunsch enavos. Uschia na fai betg surstar, ch'il catalog dals dretgs fundamentals da la nova Constituziun federala da l'onn 1999 è vegnì extendì substanzialmain e ch'el è s'orientà al text da la CEDU sco er a la giurisdicziun dal Tribunal europeic dals dretgs umans. Sa meglierada considerablamain è la protecziun giuridica. Ultra da quai han ils dretgs processuals survegnì trais novas disposiziuns: ina garanzia generala da procedura (art. 29), ina garanzia speziala per proceduras giudizialas (art. 30) ed ina disposiziun davart las garanzias en cas d'ina privaziun da la libertad (art. 31). L'ultima disposiziun è spezialmain impurtanta e sa basa sin la giurisdicziun dal Tribunal europeic dals dretgs umans, per exempel tar dumondas sco: En tge cas dastga vegnir ordinà in arrest d'inquisiziun? Quant ditg dastga quel durar? Cura ed en tge furma stoi jau vegnir infurmada u infurmà davart ils delicts che ma vegnan renfatschads? Cura poss jau infurmar mia defensura u mes defensur?

Suenter la Segunda Guerra mundiala fundeschan 10 stadis da l'Europa dal Vest il Cussegl da l'Europa. Quel elavura la Convenziun europeica dals dretgs umans (CEDU). Il november 1950 suttascrivan ils stadis commembers – entant èn quai 14 – la CEDU. La Svizra ratifitgescha quella il 1974.

Convenziun per la protecziun dals dretgs umans e da las libertads fundamentalas, Roma, 1950, emprima pagina dubla cun ils sigils dals pajais che l'han suttascrit | Cussegl da l'Europa, Strasbourg

DONE at Rome this 4th day of November 1950 in English and French, both texts being equally authentic, in a single copy which shall remain deposited in the archives of the Council of Europe. The Secretary-General shall transmit certified copies to each of the signatories.

FAIT à Rome, le 4 novembre 1950, en français et en anglais, les deux textes faisant également foi, en un seul exemplaire qui sera déposé dans les archives du Conseil de l'Europe. Le Secrétaire Général en communiquera des copies certifiées conformes à tous les signataires.

For the Government of the Kingdom of Belgium :

Pour le Gouvernement du Royaume de Belgique :

For the Government of the Kingdom of Denmark :

Pour le Gouvernement du Royaume de Danemark :

For the Government of the French Republic :

Pour le Gouvernement de la République française :

For the Government of the German Federal Republic :

Pour le Gouvernement de la République fédérale allemande :

For the Government of the Icelandic Republic :

Pour le Gouvernement de la République islandaise :

For the Government of the Irish Republic :

Pour le Gouvernement de la République irlandaise :

For the Government of the Italian Republic :

Pour le Gouvernement de la République italienne :

For the Government of the Grand Duchy of Luxembourg :

Pour le Gouvernement du Grand-Duché de Luxembourg :

For the Government of the Kingdom of the Netherlands :

Pour le Gouvernement du Royaume des Pays-Bas :

For the Government of the Kingdom of Norway :

Pour le Gouvernement du Royaume de Norvège :

Dapi l'onn 1974 pon ils dretgs umans garantids en la CEDU vegnir pretendids da Svizras e Svizzers davant questa dretgira a Strasbourg. Dapi il 1995 sa raduna la dretgira en quest edifizi. Ord la perspectiva d'utschè ha l'architect Richard Rogers dà a l'edifizi la furma d'ina stadaira.

Christian Beutler, Tribunal europeic dals dretgs umans, Strasbourg, 24-10-2018 | Keystone

Cun la refurma giudiziala da l'onn 2000 è lura era sa messa tras la chapientscha, ch'il grond fracziunament dal dretg – cun 26 urdens chantunals da procedura penala e civila – custia a las burgaisas ed als burgais, che han en mira ina procedura giudiziala, bler temp e blers daners e che tal als engrevgeschia uschia da far valair lur dretg. Correspundentamain ha la Confederaziun survegnì la cumpetenza d'unifitgar ils urdens da procedura. Preparà la basa per quest intent ha la giurisdicziun dal Tribunal europeic dals dretgs umans. Oz ha la Svizra in urden federal da procedura civila e penala. En quel èn francads ils dretgs fundamentals sco il scumond d'utilisaziun da mussaments acquistads illegalmain ed il dretg d'ina defensiun obligatorica.

Il silenzi davart la UE

Suenter ch'ina participaziun al Spazi economic europeic è vegnida refusada l'onn 1992, ha la Svizra stuì s'orientar da nov areguard la politica europeica. En quest connex fai surstar, ch'i n'è vegnida integrada nagina disposiziun davart la UE en la Constituziun federala da 1999. Il silenzi era dentant sapientiv. Politicamain n'eran ins betg stà abel da sa cunvegnir ad in artitgel europeic per l'avegnir. Uschia è questa dumonda da destin restada senza resposta. Ella ha laschà ina largia cun consequenzas fin en il temp preschent. Anc oz n'han las relaziuns da la Svizra betg in fundament solid, suenter che la Cunvegna da basa ha fatg naufragi per l'UE.

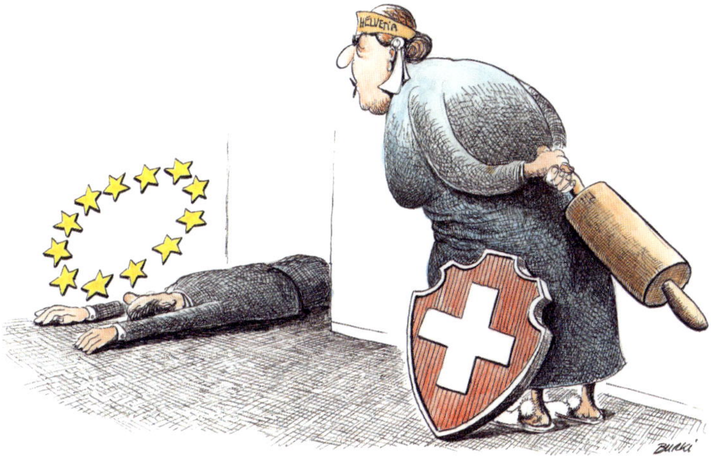

Il cumenzament dals onns 1990 sa mussi, che la Cuminanza economica europeica (CEE) vul s'alliar pli stretgamain. Cunter quai sa furma gia baud ina resistenza naziunalistica en la Svizra tudestga. Cun violenza brachiala sa defenda la Helvezia cunter ina commembranza en la CEE che daventa pli tard la UE.

Raymond Burki, Le Divorce, 1-6-1990 | Fondation du Trait

Mintga persuna ha il dretg da tscherner libramain sia

religiun

e sia

persvasiun filosofica

Cst. 1999, art. 15 al. 2

La libertad da tgi? La dispita davart il faziel da chau muslim en Svizra

La Svizra vesa sasezza sco in stadi secular che garantescha la libertad da religiun via dretg constituziunal. La libertad da religiun sa basa en quest connex sin la neutralitad statala. Il medem mument furma la separaziun da la sfera privata e la sfera publica la basa sociopolitica dals dretgs fundamentals che vegnan garantids da la constituziun. Sco Mader e Schinzel scrivan, obligheschan quests dretgs fundamentals da l'autra vart il stadi, «da restrenscher las pussaivladads individualas da sa sviluppar libramain mo uschenavant, sco ch'igl è opportun, necessari e persunalmain acceptabel en l'interess surordinà da la societad, q.v.d. en l'interess ‹public›». Cuntrari sto il stadi procurar, ch'i na vegnian – sut il pretext da la libertad da religiun – betg tgiradas praticas che limiteschan u dischavantageschan auters dretgs dals individis.

Dal punct da vista giuridic è la religiun «l'expressiun d'ina tenuta individuala envers la divinitad resp. envers il transcendental» ed uschia en emprima lingia ina chaussa spiramain privata. Perquai ch'i sa sviluppan effects reciprocs multifars tranter la sfera privata e la sfera publica, èsi dentant difficil da trair clers cunfins. Sch'i vegn rendida visibla ina confessiun religiusa u in'appartegnientscha ad ina cuminanza religiusa, daventa la religiun perceptibla per autras persunas e correspundentamain in affar public. En quest connex s'avra ina libertad d'interpretaziun per dispitas giuridicas che vegnan influenzadas da svilups e da discurs istorics e sociopolitics.

Dapi ils onns 1970 è la Svizra sa sviluppada d'in pajais caracterisà per gronda part dal cristianissem ad in pajais cun ina diversitad religiusa. Entant ch'ils dumbers da commembers da las baselgias naziunalas èn sa reducids, è creschì il dumber da persunas senza appartegnientscha religiusa e da persunas che appartegnan a baselgias independentas ed a cuminanzas religiusas betg cristianas. Il pli fitg èn creschidas las cuminanzas muslimas, numnadamain da

Svilup da la cuntrada religiusa en Svizra

Populaziun residenta permanenta da 15 onns e dapli

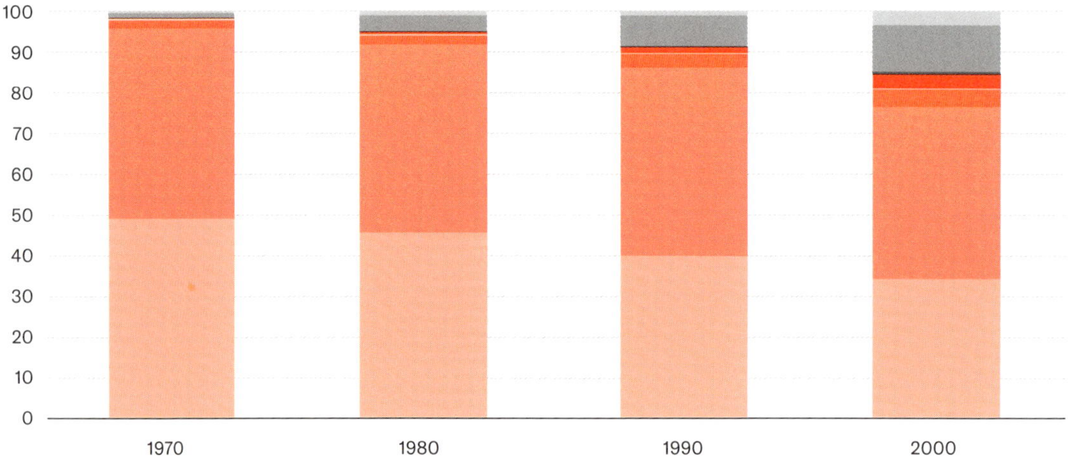

ca. 0,3 pertschient l'onn 1970 a 5,4 pertschient l'onn 2020. Suenter la crudada dal mir da Berlin è plaunet sa fatg valair in nov urden mundial bipolar en las debattas publicas. Empè dal «bloc da l'ost communistic» è vegnì declerà «l'islamissem» e per part er «l'islam» en general sco periclitaziun internaziunala. Questa percepziun è vegnida engrevgiada suenter ils attentats dals 11 da settember 2001 sin il World Trade Center a New York.

Sco il suandant exempel mussa, ha questa midada en blers cas er influenzà la libertad da religiun individuala. L'onn 1997 ha il Tribunal federal per exempel scumandà ad ina magistra muslima dal chantun Genevra da purtar ses faziel da chau durant l'instrucziun. Il faziel influenzeschia ils uffants en ina moda e maniera che na saja betg cumpatibla cun la neutralitad da la scola. Il scumond na sa drizzia «betg cunter las persvasiuns religiusas da la recurrenta, mabain haja l'intent da proteger ils dretgs e las libertads d'autras persunas sco er la segirezza e l'urden public», ha constatà l'Uffizi federal da giustia en ina communicaziun a las medias dals 27 da favrer 2001. En la decisiun dal tribunal èn er vegnidas integradas consideraziuns davart il dretg d'egualitad: «Ultra da quai stoi vegnir constatà, che purtar in faziel da chau n'è strusch cumpatibel cun il princip da l'egualitad da las schlattainas […]. Oramai sa tracti qua d'ina valur fundamentala da nossa societad ch'è fixada en ina disposiziun constituziunala explicita […] e da la quala la scola sto tegnair quint.»

Fin en ils onns 1970 è la populaziun svizra exclusivamain catolica u refurmada. La moda da viver moderna sco er il fundamentalissem cristian procuran dapi lura per adina dapli sortidas da las baselgias cristianas. Cun l'immigraziun durant ils onns da la guerra dal Balcan daventa la cuminanza religiusa muslima fin l'onn 2000 la pli gronda minoritad religiusa en Svizra.

Svilup da la cuntrada religiusa en Svizra dal 1970 fin l'onn 2000 | Uffizi federal da statistica

La magistra ha tratg vinavant ses cas al Tribunal europeic dals dretgs umans. Quel ha dentant sustegnì la sentenzia dal Tribunal federal. La neutralitad religiusa da la scola stoppia en mintga cas vegnir defendida. L'argumentaziun, sin la quala las decisiuns giudizialas descrittas sa basan, renviescha dentant a presumziuns preliminaras ed ad ideas da norma nunexprimidas. Uschia sa tschentan per exempel las suandantas dumondas: Quant enavant periclitescha il purtar in faziel da chau «ils dretgs e la libertad d'autras persunas» sco er «la segirezza e l'urden public»? Pertge gida in scumond dal faziel da chau dapli per l'educaziun da toleranza e da respect vicendaivel che la toleranza dal faziel da chau? E quant enavant pon ins chapir pauschalmain il faziel da chau sco segn per la subordinaziun da la dunna?

Durant ils ultims decennis ha il tema religiun survegnì dapli attenziun en la publicitad politica e mediala da la Svizra e da l'Europa. En quest connex è la rapportaziun caracterisada fermamain da valitaziuns. Entant che represchentantas e represchentants dal cristianissem e dal giudaissem vegnan giuditgads mintgatant en moda negativa, mintgatant en moda positiva, vala il budissem per regla

L'artitgel rapporta d'ina sentenzia dal Tribunal federal. Quel scumonda il 1997 ad ina magistra muslima da Genevra da purtar ses faziel da chau durant l'instrucziun. Il tribunal sa referescha en quest connex a l'artitgel constituziunal davart la neutralitad da la scola populara. L'accusadra sto en il futur u acceptar ina restricziun da sia libertad da religiun u desister da pratitgar sia professiun.

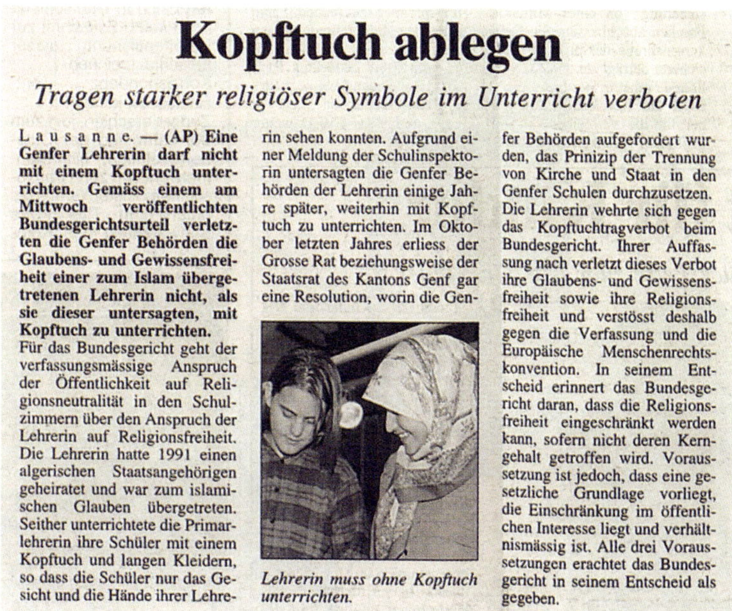
Kopftuch ablegen

Tragen starker religiöser Symbole im Unterricht verboten

Lausanne. — (AP) **Eine Genfer Lehrerin darf nicht mit einem Kopftuch unterrichten. Gemäss einem am Mittwoch veröffentlichten Bundesgerichtsurteil verletzten die Genfer Behörden die Glaubens- und Gewissensfreiheit einer zum Islam übergetretenen Lehrerin nicht, als sie dieser untersagten, mit Kopftuch zu unterrichten.**

Für das Bundesgericht geht der verfassungsmässige Anspruch der Öffentlichkeit auf Religionsneutralität in den Schulzimmern über den Anspruch der Lehrerin auf Religionsfreiheit. Die Lehrerin hatte 1991 einen algerischen Staatsangehörigen geheiratet und war zum islamischen Glauben übergetreten. Seither unterrichtete die Primarlehrerin ihre Schüler mit einem Kopftuch und langen Kleidern, so dass die Schüler nur das Gesicht und die Hände ihrer Lehrerin sehen konnten. Aufgrund einer Meldung der Schulinspektorin untersagten die Genfer Behörden der Lehrerin einige Jahre später, weiterhin mit Kopftuch zu unterrichten. Im Oktober letzten Jahres erliess der Grosse Rat beziehungsweise der Staatsrat des Kantons Genf gar eine Resolution, worin die Genfer Behörden aufgefordert wurden, das Prinizip der Trennung von Kirche und Staat in den Genfer Schulen durchzusetzen.

Lehrerin muss ohne Kopftuch unterrichten.

Die Lehrerin wehrte sich gegen das Kopftuchtragverbot beim Bundesgericht. Ihrer Auffassung nach verletzt dieses Verbot ihre Glaubens- und Gewissensfreiheit sowie ihre Religionsfreiheit und verstösst deshalb gegen die Verfassung und die Europäische Menschenrechtskonvention. In seinem Entscheid erinnert das Bundesgericht daran, dass die Religionsfreiheit eingeschränkt werden kann, sofern nicht deren Kerngehalt getroffen wird. Voraussetzung ist jedoch, dass eine gesetzliche Grundlage vorliegt, die Einschränkung im öffentlichen Interesse liegt und verhältnismässig ist. Alle drei Voraussetzungen erachtet das Bundesgericht in seinem Entscheid als gegeben.

Kopftuch ablegen, Walliser Bote, nr. 268, Brig, 20-11-1997, p. 3 |

sco paschaivel, liber da violenza, avert, tolerant e nundogmatic. Tar l'islam predomineschan dentant las valitaziuns negativas. Quel vegn per gronda part mess en relaziun cun conflicts, extremissem, violenza, sutsviluppadad e terrorissem ubain cun la suppressiun dals dretgs da las dunnas. Quest «cumbat da las culturas» medial stilisescha gugent il faziel da chau sco simbol da valurs betg cumpatiblas. La pratica da sa vestgir islamica vala en quest connex savens sco il cuntrari da quai che nossa societad ha en mira, numnadamain d'avair ils medems dretgs, d'esser liber, segir e gist.

En Svizra è il faziel da chau ditg in element da la vestgadira tradiziunala. Las dunnas sin la champagna protegian cun quel lur frisura da pulvra e merda che resulta durant la lavur. Ils onns 1950 daventa il faziel da chau in accessori modern. Stars sco Grace Kelly ch'al preschentan en il cabriolet avert, gidan a render glamurus quest cuvrachau.

Donald Brun, Arosa Grischun Svizra, Uniun da traffic Arosa, Basilea, 1957, placat | Museum für Gestaltung Turitg, collecziun da placats, ZHdK | © Roland Kupper, Basilea

Dapi il cumenzament dal 21avel tschientaner vegn discutada da nov en l'entira Europa – sin basa da la «dispita dal faziel da chau» – l'impurtanza da la religiun en la societad. En quest connex sa tracti adina er da las cundiziuns da la convivenza en societads pluralisadas. A la tschertga da l'identitad portan dentant gist giuvnas muslimas da la segunda e terza generaziun d'immigraziun il faziel da chau cun ina nova autodefiniziun. Ellas vesan sasezzas sco religiusas, instruidas e modernas enina. Ellas vulan autonomia e success professiunal e sa distanzieschan tant da las aspectativas da la generaziun da lur geniturs, che vegnan consideradas sco conservativas e restrictivas, sco er da las attribuziuns excludentas da lur societad da destinaziun. Ellas portan il faziel da chau en moda segira da sasezzas, betg mo sco expressiun da lur relaziun cun Dieu, mabain expriman cun agid da quel er lur pretensiun da participar e da cundecider en la societad.

Sco segn visibel da la religiusadad islamica daventa il faziel da chau da la dunna muslima vers la fin dals onns 1990 in object da dispita. Multifariadad religiusa daventa er en Svizra in politicum. Cunter l'immigraziun islamica sa furma ina xenofobia.

Hidschab cun muster da flurs e cun crappins glischants argientads, Svizra, 1990–2005, taila, textil | Museum naziunal svizzer

AROSA
GRAUBÜNDEN, SCHWEIZ 1800 m GRISONS, SUISSE, SWITZERLAND 6000 ft.

La Confederaziun regla

l'acquist

e la **perdita**

dals dretgs da burgais tras derivanza, maridaglia ed adopziun

Cst. 1999, art. 38 al. 1

Cunter decisiuns da natiralisaziun arbitraras: la Constituziun federala sco correctiv

Il dretg da burgais svizzer sa cumpona dal dretg da burgais federal, chantunal e communal. Las vischnancas han en quest connex ina rolla impurtanta tar la natiralisaziun ordinaria. Collià cun quai è il privel da decisiuns da natiralisaziun arbitraras u discriminantas. Ils dretgs fundamentals ch'èn garantids en la Constituziun federala èn en quest connex in correctiv impurtant.

In di d'enviern fraid da l'onn 1963 sa preschenta la candidata da natiralisaziun Vittoria Zanetti (num midà) che ha 20 onns a la cumissiun da natiralisaziun dal cussegl dals burgais da Basilea. Vittoria è naschida e creschida si a Basilea. Ses bab deriva da l'Italia, sia mamma da Basilea. La candidata da natiralisaziun ha sco ses bab la naziunalitad taliana. Suenter ch'ella ha gì terminà la scola obligatorica a Basilea, ha ella fatg in emprendissadi d'assistenta da dentist. La permissiun da natiralisaziun da la Confederaziun è avant maun. Da las duas emprimas enquistas ch'il biro da dretg da burgais ha fatg, dals attestats da lavur e da las infurmaziuns ord ses circul d'enconuschents n'èn resultads nagins dischavantatgs.

En la venerabla chasa municipala da Basilea sto Vittoria Zanetti dar pled e fatg a las 11 dunnas ed umens da la cumissiun da natiralisaziun. Las commembras ed ils commembers da la cumissiun sesan vi d'ina maisa. Intgins èn anc approfundads en in discurs. Durant «in detg temp» – quai vegnan ins a savair pli tard dals documents da recurs cunter la dumonda refusada da l'avrigl e da l'october 1964 che l'advocat da Zanetti ha inoltrà a la Regenza da Basilea ed al Tribunal federal – è la candidata «malsegira», «sche l'enquista ‹uffiziala› ha insumma gia cumenzà». A l'improvista fa ina cussegliera dals burgais l'emprima dumonda: Sche Vittoria Zanetti «sappia, pertge che dunnas sesian en questa sala». Quai ha «bain insatge da far cun il dretg da votar da las dunnas», respunda la candidata in pau intscherta. Effectivamain avevan las burgaisas da Basilea survegnì ils 7 da december 1958 il dretg da votar e d'eleger da la vischnanca burgaisa.

Sin la resposta da Vittoria – quai pon ins medemamain leger en las actas – reagescha la «dama che ha fatg la dumonda [...] cun gritta». Er para la «dunna cussegliera dals burgais respectiva [da sentir] il basegn da mangiar pralinas ord in stgarnuz avert ch'è davant ella». In cusseglier dals burgais vul savair, co ch'ins arriva «ad Olten u a Lucerna». Vittoria respunda spontanamain: «Suandond ils mussavias.» E lura tira in pled l'auter. Il cusseglier dals burgais: «Giais Vus a chaval?» Zanetti: «Na, cun l'auto.» E puspè il cusseglier dals burgais: «Tge, in auto avais Vus er?» La dumonda da natiralisaziun vegn refusada. La motivaziun uffiziala tenor il paragraf 2d da la Lescha basilaisa davart il dretg da burgais vertent da quel temp è: «ina moda da viver notoricamain indecenta».

Tranter ils onns 1950 e 1969 è il cas da Vittoria Zanetti stà in da var 20 cas, nua che persunas da l'exteriur che han candidà per la natiralisaziun, han fatg recurs cunter la refusa da lur dumonda en il chantun Basilea-Citad. I sa tractava en quests cas da persunas immigradas da l'emprima e da la segunda generaziun, principalmain da Tudestgas e Tudestgs sco er da Talianas e Talians. Per persunas sut 45 onns existiva, suenter ch'ellas eran domiciliadas 15 onns en il chantun, il dretg d'ina natiralisaziun gratuita.

Il paragraf 2d era in relict da l'onn 1902. La Confederaziun ed ils chantuns sco Basilea, Turitg e Genevra vulevan quella giada facilitar la natiralisaziun. En vista dal dumber creschent da la populaziun residenta estra dueva l'integraziun civica da persunas da l'exteriur vegnir promovida. Enturn l'onn 1900 ha l'emprova d'introducir in *ius soli* sin plaun naziunal bain fatg naufragi. Cun la Lescha davart il dretg da burgais dals 19 da zercladur 1902 ha il chantun Basilea-Citad però extendì il dretg vertent d'ina natiralisaziun gratuita ed ha introducì in dretg da recurs. Sco gia en la lescha dal 1879 era in dals criteris d'exclusiun tranter auter il criteri d'ina «moda da viver notoricamain indecenta». Sche la moda da viver d'ina persuna valeva pia evidentamain sco «indecenta», impediva quai la natiralisaziun.

Il chantun Basilea-Citad refusa la dumonda d'ina giuvna Taliana che vul laschar sa natiralisar ils onns 1960. La candidata saja bain «naschida e creschida si a Basilea, haja visità las scolas e chattà sia plazza da lavur qua» ed ella haja «parents, amis ed enconuschents a Basilea». Tut quai na basta dentant betg per la Regenza da Basilea sco «cumprova stricta» per sia «assimilaziun».
Archivs communals, vischnanca burgaisa da Basilea C 1,6 dretg da burgais, generals e singuls, recurs | Archiv dal stadi da Basilea-Citad

DER REGIERUNGSRAT

DES KANTONS BASEL-STADT

An das

Schweizerische Bundesgericht,

Staatsrechtliche Kammer,

L a u s a n n e

Regierungsratsbeschluss
vom 24.November 1964.

Hochgeachteter Herr Präsident,
Hochgeachtete Herren Bundesrichter.

Wir beehren uns, Ihnen auf die staatsrechtliche Beschwerde des [redacted], italienischen Staatsangehörigen, vertreten durch Dr. [redacted], Advokat, gegen den Regierungsratsbeschluss vom 15.September 1964 betreffend Abweisung ihres Bürgerrechtsgesuches nachstehende Vernehmlassung einzureichen mit dem Rechtsbegehren:

Es sei die Beschwerde des [redacted] unter a/o Kostenfolge abzuweisen.

Zur Begründung machen wir Folgendes geltend:

I.

In erster Linie sei auf den eingehend motivierten Entscheid des Regierungsrates vom 15.September 1964 (Beilage 1) hingewiesen, an dem in allen Teilen festgehalten wird.

Die 16-seitige Beschwerdeschrift enthält keine wesentlichen neuen Momente, die uns zu einer andern Stellungnahme veranlassen könnten. Wiederum wie in der Rekursschrift an den Re-

Il paragraf vegniva interpretà en moda adina pli vasta, suenter ch'il chavazzin da la «surpopulaziun estra» era sa fatg valair er en la politica da natiralisaziun dal chantun Basilea-Citad suenter l'Emprima Guerra mundiala. En sia posiziun pertutgant il cas Zanetti dals 24 da november 1964 al Tribunal federal ha la Regenza fatg attent al fatg, che l'impediment da natiralisaziun da la «moda da viver notoricamain indecenta» valia a Basilea tradiziunalmain sco ina «clausula generala». Correspundentamain ha la vischnanca burgaisa argumentà en ses scriver dals 16 da november 1964 al Tribunal federal: Il «motiv per la refusa da la ‹moda da viver notoricamain indecenta›» vegnia «interpretà tenor la pratica da decennis en moda fitg extensiva». Quai pertutgia tut las candidatas e tut ils candidats «che vegnian refusads pervia da lur tenuta politica, pervia da qualitads da caracter displaschaivels u pervia d'assimilaziun manglusa».

En questa sala venerabla vegn la seconda da Basilea confruntada l'onn 1963 cun las dumondas da la cumissiun da natiralisaziun. Sia dumonda da natiralisaziun vegn refusada. Pli tard argumentescha la vischnanca burgaisa da Basilea-Citad la refusa cun quai, che la candidata da natiralisaziun «saja oravant tut colliada mo insuffizientamain cun sia patria elegida».

Sala dal cussegl dals burgais en la Chasa da la citad da Basilea | AL 45, 4-33-5 | Archiv dal stadi da Basilea-Citad

Elisabeth Vischer-Alioth tegna ils 5 da december 1961 sco presidenta seniora dal cussegl dals burgais (oz cussegl communal dals burgais) in pled en la stanza da sesidas dal parlament communal. Trais onns avant han las burgaisas da Basilea survegnì il dretg d'eleger e da votar sin plaun da la vischnanca burgaisa.

Hans Bertolf, Erstmals Frauen im Bürgerrat, National-Zeitung, Basilea, 6-12-1966 | BSL 1013 1-1746 5 | Archiv dal stadi da Basilea-Citad

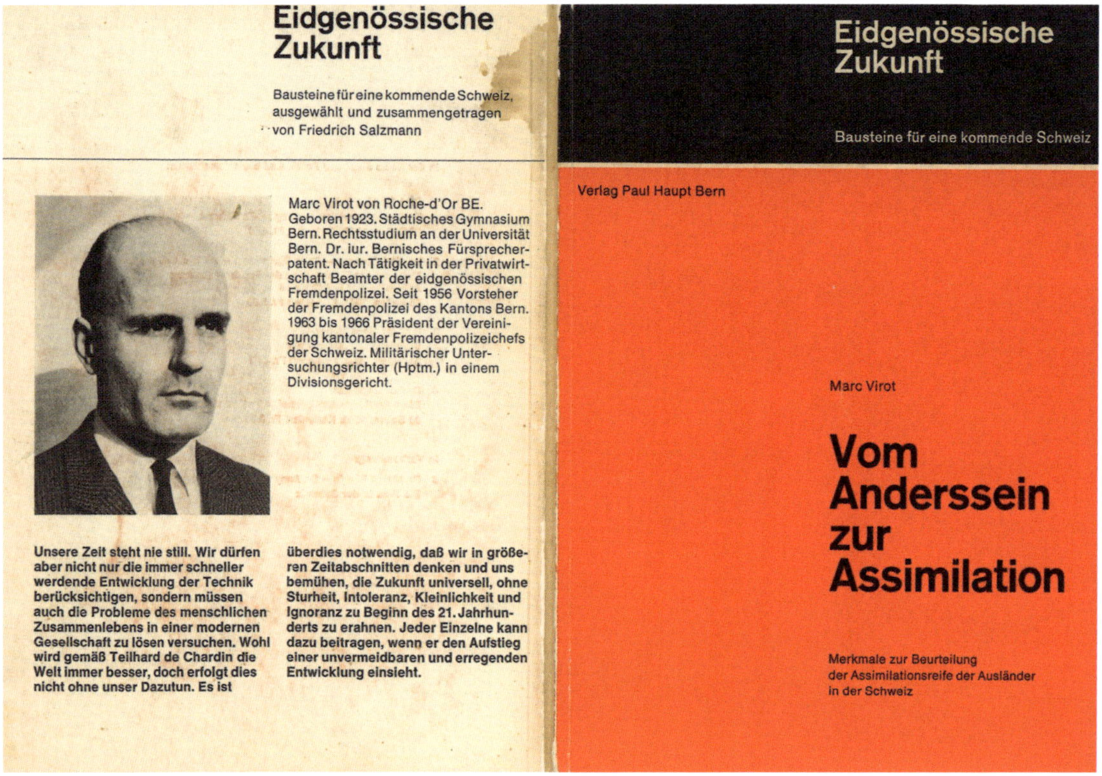
Eidgenössische Zukunft

Bausteine für eine kommende Schweiz, ausgewählt und zusammengetragen von Friedrich Salzmann

Marc Virot von Roche-d'Or BE. Geboren 1923. Städtisches Gymnasium Bern. Rechtsstudium an der Universität Bern. Dr. iur. Bernisches Fürsprecherpatent. Nach Tätigkeit in der Privatwirtschaft Beamter der eidgenössischen Fremdenpolizei. Seit 1956 Vorsteher der Fremdenpolizei des Kantons Bern. 1963 bis 1966 Präsident der Vereinigung kantonaler Fremdenpolizeichefs der Schweiz. Militärischer Untersuchungsrichter (Hptm.) in einem Divisionsgericht.

Unsere Zeit steht nie still. Wir dürfen aber nicht nur die immer schneller werdende Entwicklung der Technik berücksichtigen, sondern müssen auch die Probleme des menschlichen Zusammenlebens in einer modernen Gesellschaft zu lösen versuchen. Wohl wird gemäß Teilhard de Chardin die Welt immer besser, doch erfolgt dies nicht ohne unser Dazutun. Es ist überdies notwendig, daß wir in größeren Zeitabschnitten denken und uns bemühen, die Zukunft universell, ohne Sturheit, Intoleranz, Kleinlichkeit und Ignoranz zu Beginn des 21. Jahrhunderts zu erahnen. Jeder Einzelne kann dazu beitragen, wenn er den Aufstieg einer unvermeidbaren und erregenden Entwicklung einsieht.

Eidgenössische Zukunft

Bausteine für eine kommende Schweiz

Verlag Paul Haupt Bern

Marc Virot

Vom Anderssein zur Assimilation

Merkmale zur Beurteilung der Assimilationsreife der Ausländer in der Schweiz

En ses mussavia per la natiralisaziun da l'onn 1968 definescha Marc Virot, quella giada schef da la Polizia d'esters da Berna, las virtids ch'ina persuna che vul vegnir natiralisada stuess avair: «punctualitad, exactadad, conscienziusadad, urden, perfecziun, sinceradad, nettezza, quietezza, diligenza, disciplina, civilisaziun, solidaritad, responsabladad, pasch sociala.»

Marc Virot, Vom Anderssein zur Assimilation. Merkmale zur Beurteilung der Assimilationsreife der Ausländer in der Schweiz, chasa editura Haupt, Berna 1968, cuverta dal cudesch, citat p. 88 | Regula Argast

Uschia haja l'examinaziun da la dumonda da Vittoria Zanetti mussà, ch'ella «saja betg madira, haja diversas mancanzas da caracter e na saja oravant tut betg avunda colliada cun sia patria tschernida».

Il Tribunal federal n'ha betg laschà valair l'argumentaziun ed ha approvà il recurs da Zanetti dals 23 da december 1964. Tenor l'artitgel 4 da la Constituziun federala vertenta da quel temp – «Tut ils Svizzers èn eguals davant la lescha» – han ils derschaders federals deducì in scumond d'arbitrariadad: «ina resposta forsa in pau impertinenta ad ina dumonda betg fitg buna ed er betg precisa sco er ina mancanza da savida davart nossas instituziuns e relaziuns» na possian «tuttavia betg vegnir resumadas sut la noziun ‹moda da viver notoricamain indecenta›». Ultra da quai han ils derschaders suprems crititgà l'interpretaziun da la Lescha basilaisa davart il dretg da burgais sco «nunsustegnibla». Quella na sa laschia betg giustifitgar cun ina «pratica da decennis». Sin quai ha Vittoria Zanetti survegnì il dretg da burgaisa da Basilea.

Il medem onn ha il legislatur basilais revedì La lescha davart il dretg da burgais. Il passus «moda da viver notoricamain indecenta» è crudà davent. Sut l'aspect dal discurs davart la surpopulaziun estra ch'aveva da quel temp cumenzà da nov e che sa drizzava particularmain cunter persunas da l'Italia dal Sid, ha la nova lescha dals 19 da mars 1964 dentant introducì la pretensiun d'assimilaziun. Ils onns 1960 e 1970 ha la politica da natiralisaziun restrictiva cuntanschì en l'entira Svizra ses punct culminant.

Ma er durant ils onns 1990, cura ch'il criteri da l'assimilaziun è successivamain vegnì remplazzà tras quel da l'integraziun, hai dà incunvegnientschas en il sectur da las natiralisaziuns en Svizra. Il cas probablamain il pli enconuschent è stà quel da la vischnanca dad Emmen. Davent dal 1999 fin il 2003 han las burgaisas ed ils burgais da questa vischnanca refusà en ina votaziun cun scrutini las dumondas da persunas or dals stadis successurs da la Jugoslavia pervia da lur derivanza. Ma er qua ha il Tribunal federal approvà il recurs ils 9 da fanadur 2003. Da nov è el sa referì al scumond da discriminaziun en l'artitgel 8 da la revisiun totala da la Constituziun federala dals 18 d'avrigl 1999. Dapi lura valan natiralisaziuns a l'urna sco inadmissiblas.

La Confede-
raziun svizra
s'engascha
per il
mantegniment
persistent
da las
basas natiralas
da la vita

Cst. 1999, art. 2 al. 4

In dretg fundamental al fraid per la Svizra?

Durant las temperaturas da record da l'avust 2022 en Svizra han viandants sin il Glatscher dal Chessien en las Alps fatg ina scuverta nunusitada: oss umans ch'èn pli vegls ch'in pèr decennis. Quai n'è dentant betg stà l'unica chaussa che alpinists han chattà l'ultim temp en las Alps. Perquai ch'ils glatschers lieuan, cumparan successivamain blers ulteriurs objects, sco per exempel il vrac d'in aviun ch'era crudà l'onn 1968, chalzers, restanzas umanas ed objects archeologics rars. L'atun 2018 ha il Museum istoric dal Vallais curatà in'exposiziun cun il titel *Ord il glatsch: fastizs en privel* (Aus dem Eis: Spuren in Gefahr). Intgins dals objects d'exposiziun derivan dal temp enturn 6000 a.C. ed intgins da l'ultim temp, uschia per exempel d'avant in onn. En ina cumposiziun bizarra ha l'exposiziun preschentà objects da la premoderna, ch'ins chattass per il solit en in museum da la natira, ed objects contemporans, ch'èn uschiglio mo exponids en museums moderns u contemporans. Quai che ha

Suenter la scuverta da l'Ötzi il 1991 en il Tirol dal Sid vegnan dapi il 2003 er chattads objects sin ils glatschers da las Alps svizras. Il 2017 han ins chattà sin in glatscher las restanzas d'in pèrin d'alpinists. Quai che ha l'emprim sveglià dumondas davart la vita da questas persunas, daventa intgins onns pli tard in tema climatic-istoric.

Restanzas terrestras d'in pèrin ch'era sparì l'onn 1942, glatscher dal Tsanfleuron, 2017 | Glacier 3000, Gstaad

reunì quests objects en ina exposiziun, èn ils glatschers che sa diminueschan. E pront sa furma ina nova disciplina cun il num «archeologia da glatschers».

Dal 1931 fin il 2016 han ils glatschers da la Svizra pers la mesadad da lur volumen. Ils resultats d'in quint da model actual per il clima mussan, ch'ils glatschers da las Alps pudessan luar fin la fin dal tschientaner. Quai er sche las emissiuns vegnan reducidas svelt e sche las temperaturas sa stabiliseschan immediatamain sin il nivel da l'ultim tschientaner. Da cuvrir ils glatschers cun planas pussibilitescha forsa d'als duvrar pli ditg sco pistas da skis, accelerescha dentant lur regress. Las planas daventan uschia «lenziels da morts» da plastic.

Questa diminuziun dals glatschers ha in grond dumber da consequenzas per l'ambient, particularmain areguard la disponibladad d'aua, areguard la midada da la biodiversitad sco er areguard ils privels en ina cuntrada senza glatschers. Er las consequenzas giuridicas èn giganticas. Questa stad essan nus daventads perditgas da las midadas al cunfin tranter la Svizra e l'Italia, chaschunadas da la luada dal Glatscher dal Teodul. Ils turists e las viandantas en la chamona *Rifugio Guide del Cervino* datiers da la Testa Grigia sa chattan oz en il vair senn dal pled ed en il senn figurativ sin terren malsegir. Pervia dal regress dals glatschers sa muventa la chamona da l'Italia vers la Svizra. La consequenza da quai èn bleras dispitas diplomaticas. Ed i n'è anc betg cler, cura ch'il resultat da questas dispitas vegn ad esser enconuschent.

La midada dal clima transfurma las lingias da las costas e metta en dumonda er la suveranitad, sco quai ch'i resorta da l'exempel qua survart. Uschè ditg ch'il resultat n'è anc betg enconuschent, vegn la posiziun da la chamona marcada sin las chartas da *swisstopo* cun ina lingia interrutta empè d'ina lingia grossa rosa per cunfins naziunals. Per ils dretgs fundamentals constituziunals da la populaziun svizra dovri in ferm terren, in fundament. Gist quest terren, che furma la basa per tals dretgs, pudess ussa sa spustar pervia dals glatschers che sa diminueschan. Conflicts territorials èn forsa mo il pli pitschen problem.

Ils glatschers en Svizra lieuan uschè svelt, che maletgs fatgs en relativamain curts intervals, pon render visibels lur diminuziun. Il Glatscher dal Morteratsch qua sin il maletg è sparì quasi dal tuttafatg fin il cumenzament dals onns 2020.

Glatscher dal Morteratsch fotografà ils 10-7-1985, ils 8-7-2007 ed ils 9-7-2021 | © Jürg Alean, Eglisau

Pli baud era il Glatscher dal Teodul il cunfin tranter la Svizra e l'Italia. Suenter sia diminuziun parziala è il decurs dal cunfin intschert. Las chartas uffizialas da swisstopo marcan actualmain il cunfin cun ina lingia interrutta. Quest cunfin sto vegnir definì da nov.

Rifugio Testa Grigia, Guide del Cervino, Uffizi federal da topografia swisstopo, 2022

Ils glatschers che sa retiran e las midadas da las Alps che resultan da quai pon bain signifitgar per blers ina nova definiziun da «Swissness». Tals muments na dastgan dentant betg esser in clom mo per agents filisters da la protecziun da l'ambient che sa limiteschan als cunfins naziunals. Per propi è il temp madir per reflectar davart in dretg fundamental futur en in rom cosmopolitic e cun in radius d'acziun global.

En il fratemp van ins per gronda part d'accord cun quai, che la midada dal clima vegn ad avair in effect direct ed indirect sin in vast spectrum internaziunal da dretgs umans valaivels, tranter quels il dretg a la sanadad, a l'aua, al nutriment sco er il dretg d'abitar. Las persunas ch'èn il pli fitg pertutgadas dals effects negativs da la midada dal clima, vivan sin inslas pitschnas, en vischinanza d'ina riva ed en territoris da costa bass, en territoris sitgs ed als pols. Quai provochescha er la dumonda, co che nus qua en Svizra pudain ans imaginar in dretg fundamental futur che vala sin l'entir mund. Quest pensar davart novs dretgs dretgs fundamentals sto avair lieu sin dus stgalims: temporal e local. Sin la scala temporala stuain nus ponderar, co che nus pudain crear las cundiziuns necessarias per proteger il dretg da las generaziuns futuras ad ina vita sauna e cuntenta sin quest planet. La segunda scala – locala – pretenda da nus, che nus ans imaginain in dretg fundamental svizzer cun radius d'acziun global. Per omadus puncts da partenza datti exempels che servan sco models.

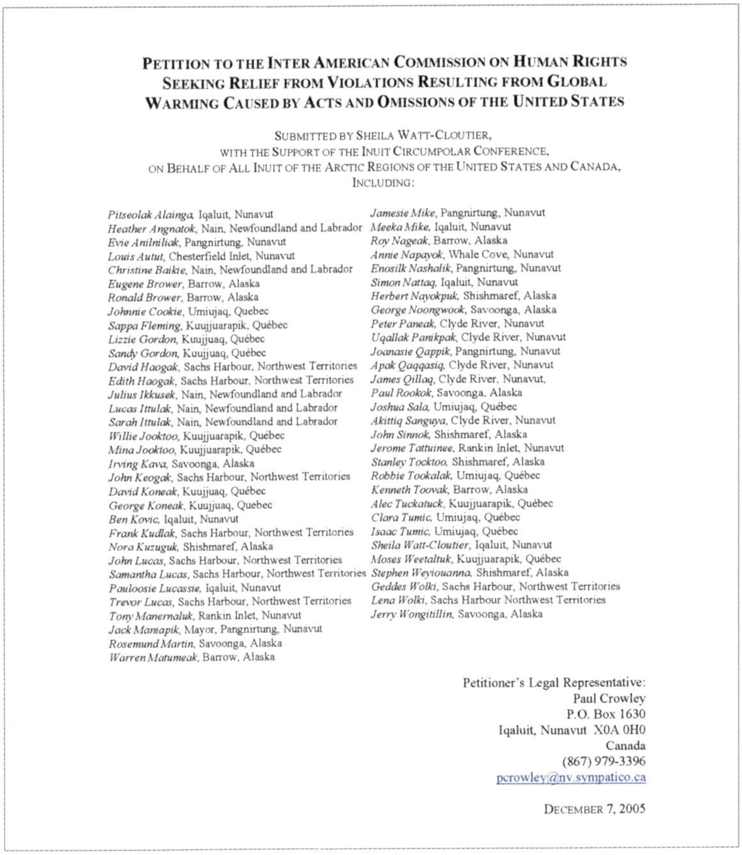

Petition to the Inter American Commission on Human Rights Seeking Relief from Violations Resulting from Global Warming Caused by Acts and Omissions of the United States

Submitted by Sheila Watt-Cloutier,
with the Support of the Inuit Circumpolar Conference,
on Behalf of All Inuit of the Arctic Regions of the United States and Canada,
Including:

Pitseolak Alainga, Iqaluit, Nunavut
Heather Angnatok, Nain, Newfoundland and Labrador
Evie Anilniliak, Pangnirtung, Nunavut
Louis Autut, Chesterfield Inlet, Nunavut
Christine Baikie, Nain, Newfoundland and Labrador
Eugene Brower, Barrow, Alaska
Ronald Brower, Barrow, Alaska
Johnnie Cookie, Umiujaq, Quebec
Sappa Fleming, Kuujjuarapik, Québec
Lizzie Gordon, Kuujjuaq, Québec
Sandy Gordon, Kuujjuaq, Québec
David Haogak, Sachs Harbour, Northwest Territories
Edith Haogak, Sachs Harbour, Northwest Territories
Julius Ikkusek, Nain, Newfoundland and Labrador
Lucas Ittulak, Nain, Newfoundland and Labrador
Sarah Ittulak, Nain, Newfoundland and Labrador
Willie Jooktoo, Kuujjuarapik, Québec
Mina Jooktoo, Kuujjuarapik, Québec
Irving Kava, Savoonga, Alaska
John Keogak, Sachs Harbour, Northwest Territories
David Koneak, Kuujjuaq, Québec
George Koneak, Kuujjuaq, Quebec
Ben Kovic, Iqaluit, Nunavut
Frank Kudlak, Sachs Harbour, Northwest Territories
Nora Kuzuguk, Shishmaref, Alaska
John Lucas, Sachs Harbour, Northwest Territories
Samantha Lucas, Sachs Harbour, Northwest Territories
Pauloosie Lucassie, Iqaluit, Nunavut
Trevor Lucas, Sachs Harbour, Northwest Territories
Tony Manernaluk, Rankin Inlet, Nunavut
Jack Maniapik, Mayor, Pangnirtung, Nunavut
Rosemund Martin, Savoonga, Alaska
Warren Matumeak, Barrow, Alaska
Jamesie Mike, Pangnirtung, Nunavut
Meeka Mike, Iqaluit, Nunavut
Roy Nageak, Barrow, Alaska
Annie Napayok, Whale Cove, Nunavut
Enosilk Nashalik, Pangnirtung, Nunavut
Simon Nattaq, Iqaluit, Nunavut
Herbert Nayokpuk, Shishmaref, Alaska
George Noongwook, Savoonga, Alaska
Peter Paneak, Clyde River, Nunavut
Uqallak Panikpak, Clyde River, Nunavut
Joanasie Qappik, Pangnirtung, Nunavut
Apak Qaqqasiq, Clyde River, Nunavut
James Qillaq, Clyde River, Nunavut,
Paul Rookok, Savoonga, Alaska
Joshua Sala, Umiujaq, Québec
Akittiq Sanguya, Clyde River, Nunavut
John Sinnok, Shishmaref, Alaska
Jerome Tattuinee, Rankin Inlet, Nunavut
Stanley Tocktoo, Shishmaref, Alaska
Robbie Tookalak, Umiujaq, Québec
Kenneth Toovak, Barrow, Alaska
Alec Tuckatuck, Kuujjuarapik, Québec
Clara Tumic, Umiujaq, Québec
Isaac Tumic, Umiujaq, Québec
Sheila Watt-Cloutier, Iqaluit, Nunavut
Moses Weetaltuk, Kuujjuarapik, Québec
Stephen Weyiouanna, Shishmaref, Alaska
Geddes Wolki, Sachs Harbour, Northwest Territories
Lena Wolki, Sachs Harbour Northwest Territories
Jerry Wongitillin, Savoonga, Alaska

Petitioner's Legal Representative:
Paul Crowley
P.O. Box 1630
Iqaluit, Nunavut X0A 0H0
Canada
(867) 979-3396
pcrowley@nv.sympatico.ca

December 7, 2005

Scrittira: *Petition to the Inter American Commission on Human Rights Seeking Relief from Violations Resulting from Global Warming Caused by Acts and Omissions of the United States*, inoltrada da Sheila Watt-Cloutier, Canada, 2005

L'emprim exempel: Il mars 2021 ha il Tribunal federal constituziunal da la Germania prendì ina decisiun istorica: La Lescha federala tudestga per la protecziun dal clima dal 2019 saja incumpatibla cun ils dretgs fundamentals da las generaziuns futuras, e quai en quel reguard ch'i manchian mesiras suffizientas per reducir las emissiuns da gas cun effect da serra fin l'onn 2050. Ils accusaders, tranter quels er giuvens activists dal clima, han reussì da far reflectar la dretgira davart dretgs en in rom che surpassa pliras generaziuns. Il punct central da lur argumentaziun è stà quel, che las mesiras insuffizientas en la Lescha federala per la protecziun dal clima da reducir las emissiuns da CO_2 dal 2030 fin il 2050 fissan ina perioda fitg limitada per la Germania per cuntanscher la neutralitad al clima, e che quai restrenschess considerablamain blers dretgs fundamentals da la populaziun tudestga, e che la chargia vegniss adossada sproporziunadamain a las generaziuns futuras. Ord vista giuridica è quai in sboz innovativ che na metta betg mo la basa per la concepziun d'in dretg fundamental futur, mabain particularmain er per la motivaziun da quest dretg en ina moda e maniera

L'activista inuita Sheila Watt-Cloutier e la petiziun a la Cumissiun dals dretgs umans interamericana. En la petiziun crititgeschan las persunas che l'han suttascrit, che la USA haja violà ils dretgs umans dals Inuits tras lur passivitad envers il stgaudament global.

Chris Windeyer, purtret da l'activista Sheila Watt-Cloutier, Canada, 2010, fotografia | THE CANADIAN PRESS

che pussibilitescha d'extender ils dretgs fundamentals existents da la populaziun svizra per generaziuns futuras. Per garantir quest dretg ans stuain nus occupar da la dimensiun locala dal dretg – da sia impurtanza sur ils cunfins naziunals ora.

Il sboz local per in tal dretg ans porta enavos sin il fund da glatsch, nua che nus avain cumenzà noss viadi: Ils 7 da december 2005 ha Sheila Watt-Cloutier, commembra da la cuminanza inuita canadaisa inoltrà ina petiziun da 163 paginas a la Cumissiun dals dretgs umans interamericana. En quella petiziun ha ella intimà ils Stadis Unids da l'America, sco in dals pli gronds chaschunders d'emissiuns da gas cun effect da serra, d'instradar immediatamain mesiras per proteger ils dretgs umans dals Inuits. Quest pass è stà revoluziunar, perquai ch'il tema protecziun da l'ambient ha per l'emprima giada survegnì in'apparientscha umana ed è vegnì integrà en il discurs dals dretgs umans. Fin lura vegnivi discurrì per il solit d'urs da glatsch periclitads sin glatschers che lieuan. En ses cudesch exemplaric *The Right to be Cold: One Woman's fight to Protect the Arctic and Save the Planet from Climate Change* declera ella, che la garanzia dal dretg cultural da las cuminanzas indigenas en las regiuns polaras al glatsch, a la naiv ed al fraid na servia betg mo a l'Arctica, mabain er a la protecziun da l'entir planet. Sche stadis cumenzan ozendi adina pli savens a proteger lur dretgs egoistics d'acceder a lur resursas fossilas en num dal svilup «naziunal», è forsa arrivà il temp da reflectar ils dretgs fundamentals svizzers sin ina scala globala. Cun Watt-Cloutier sco exempel pudain nus dumandar: Tge sto vegnir fatg oz, per garantir a las generaziuns futuras en Svizra il dretg al fraid.

Jau vuless engraziar ad Ella Daisy Müller per ses resun critic davart l'emprima versiun da quest artitgel.

Regula Argast
Istoricra, prof. dr.

Regula Argast è professuressa per istorgia e didactica d'istorgia a la Scola auta da pedagogia da Berna e docenta a l'UniDistanza Svizra. Ses accents da perscrutaziun èn l'istorgia da la naziunalitad e naziun, l'istorgia da l'eugenica e da la genetica sco er l'instrucziun d'istorgia orientada a las cumpetenzas. Ella è commembra dal cussegl scientific da l'Institut da Lichtenstein a Bendern/LI.

Susanne Bennewitz
Istoricra, prof. dr. phil.

Susanne Bennewitz è professuressa per scienzas culturalas a la Scola auta da Trier. Ella ha studegià e doctorà a Freiburg en Breisgau, Berlin e Basilea. Ella ha lavurà sco giudaista en il Museum gidieu da la Svizra ed ha instruì a la Scola auta per studis gidieus a Heidelberg. Tranter auter fa ella retschertgas davart l'istorgia culturala e da migraziun da societads gidieuas, particularmain en Svizra. Sia pli nova publicaziun en quest connex: *Jüdischdeutsche Drucke und Basler Mundart* (2017).

Debjani Bhattacharyya
Istoricra, prof. dr.

Debjani Bhattacharyya è istoricra e titulara da la professura per istorgia da l'antropocen a l'Universitad da Turitg. Ses accent da perscrutaziun è tranter l'istorgia climatica, l'istorgia dal dretg e l'antropocen. Ella è l'autura dal cudesch premià: *Empire and Ecology in the Bengal Delta: The Making of Calcutta*.

Numa Graa
Giurist, prof. dr.

Numaa Graa ha studegià giurisprudenza a las universitads da Losanna e da Berna ed ha doctorà en giurisprudenza a l'Universitad da Losanna ed en istorgia contemporana a l'Universitad Sorbonne da Paris (Paris IV). Suenter ch'el ha obtegnì la patenta d'advocat, è el daventà il 2021 professer extraordinari a l'Universitad da Genevra, nua ch'el instruescha principalmain l'istorgia da dretg e d'instituziuns. Ses accent da perscrutaziun è l'istorgia dal dretg public e dal dretg penal en Svizra.

Jacqueline Grigo
Antropologa sociala e culturala, scienzada da religiun, dr. phil.

Jacqueline Grigo è perscrutadra associada a l'Universitad da Turitg ed ella inizieścha e realisescha sco curatura e sco antropologa sociala e culturala projects da museum participativs internaziunals. Ella ha studegià antropologias socialas e culturalas (etnologia) sco er medischina sociala e preventiva ed ha doctorà en scienza da religiun. En sia dissertaziun ha ella analisà la vestgadira religiusa tranter l'autopercepziun e la percepziun dals auters.

Erika Hebeisen
Istoricra, dr. phil.

Erika Hebeisen è istoricra e curatura dal Museum naziunal svizzer. Ella ha studegià istorgia e litteratura moderna a Turitg e Berlin ed ha promovì l'onn 2003 a l'Universitad da Basilea. Dapi l'onn 2010 lavura ella en il Museum naziunal a Turitg, nua ch'ella curatescha exposiziuns e tgira la collecziun «Tecnologia e tradiziuns». Ensemen cun Michael Kempf maina ella actualmain il project d'exposiziun «175 onns Constituziun federala».

Helen Keller
Giurista, prof. dr. iur. dr. h.c.

Helen Keller ha studegià giurisprudenza a Turitg, Brügge, Cambridge e Firenza. Dapi il 2004 è ella professuressa ordinaria per dretg public a l'Universitad da Turitg. Dal 2008 fin il 2011 è ella stada commembra dal Comité per ils dretgs umans da las Naziuns Unidas. Da l'october 2011 fin il december 2020 è ella stada en uffizi sco derschadra al Tribunal europeic dals dretgs umans a Strasbourg.

Michael Kempf
Curatur

Michael Kempf è curatur d'exposiziuns. El ha studegià biologia, istorgia e filosofia da la savida a la SPF Turitg. L'onn 2015 è el vegnì tar il Museum naziunal, nua ch'el ha planisà e co-curatà numerusas exposiziuns davart temas fitg differents – da la refurmaziun fin a l'anime da Heidi. Ensemen cun Erika Hebeisen lavura el actualmain vi da l'exposiziun «Blers dretgs per l'anniversari. 175 onns Constituziun federala».

Josef Lang
Istoricher, dr. phil.

Josef Lang lavura sco istoricher independent a Berna ed è anteriur cusseglier naziunal da Zug. Sia dissertaziun turitgaisa davart la suppressiun e la resistenza en il Pajais Basc (1937–1977) cun il titel *Das baskische Labyrinth* è vegnida publitgada l'onn 1983. Ultra da la dumonda naziunala fan er il catolicissem e l'istorgia svizra part da ses accents da perscrutaziun. Sia pli nova publicaziun: *Demokratie in der Schweiz. Geschichte und Gegenwart* (2020).

Martin Lengwiler
Istoricher, prof. dr.

Martin Lengwiler è professer per istorgia generala dal temp modern a l'Universitad da Basilea. Sia lavur scientifica cumpiglia l'istorgia dal stadi social e l'istorgia d'economia dal sectur d'assicuranzas. Dal 2015 fin il 2019 è el stà commember da la Cumissiun independenta d'expertas e d'experts per plazzaments administrativs; dapi il 2017 è el commember (dapi il 2022 commember ad hoc) da la gruppa directiva dal Program naziunal da perscrutaziun *Provediment e sforz* (PNP 76).

Vanessa Rüegger
Giurista, dp dr. iur.

Vanessa Rüegger è docenta privata a l'Universitad da Basilea, advocata e mediatura. Suenter ses studi e ses doctorat a l'Universitad da Friburg e ses segiurns da studi a Londra, Heidelberg e New York è ella s'abilitada a Basilea cun ina lavur davart la libertad artistica. Ils accents da sia lavur èn il dretg constituziunal ed administrativ, il dretg artistic e cultural sco er il sectur da la mediaziun, restituziun e proceduras informalas da schliar conflicts.

Regula Argast

Redolfi, Silke Margherita: Die verlorenen Töchter. Der Verlust des Schweizer Bürgerrechts bei Heirat eines Ausländers, chasa editura Chronos, Turitg 2019. +++ Studer, Brigitte/Arlettaz, Gérald/Argast, Regula: Das Schweizer Bürgerrecht. Nationalität und Ordnung des Sozialen in der Schweiz von 1848 bis zur Gegenwart, cun collavuraziun dad Anina Gidkov, Erika Luce e Nicole Schwalbach, chasa editura Neue Zürcher Zeitung, Turitg 2008. +++ Wecker, Regina: «Die Politik mit dem Bürgerrecht», en: Traverse: Zeitschrift für Geschichte 20, chasa editura Chronos, Turitg 2013, p. 141–155.

Susanne Bennewitz

Argast, Regula: Staatsbürgerschaft und Nation, Vandenhoeck & Ruprecht, Göttingen 2007. +++ Bhend, Angela/Picard, Jacques (ed.): Jüdischer Kulturraum Aargau, Hier und Jetzt, Chasa editura per cultura ed istorgia ScRL, Turitg 2020. +++ Rosenstein, Gabrielle (ed.): Jüdische Lebenswelt Schweiz. 100 Jahre Schweizerischer Israelitischer Gemeindebund, Chronos Verlag, Turitg 2004.

Debjani Bhattacharyya

Jouvet, Guillaume/Huss, Matthias: Future retreat of Great Aletsch Glacier. Journal of Glaciology, tom 65, nr. 253, p. 869–872, Cambridge University Press, 2019, https://doi.org/10.1017/jog.2019.52, consultà ils 4-10-2022. +++ Purtschert, Patricia: Jenseits des Réduits: «Die Schweiz und die Berge im Zeitalter der Dekolonisation», en: Schweizerische Zeitschrift für Geschichte, tom 63, nr. 2, chasa editura Schwabe, Basilea 2013, p. 250–268. +++ Watt-Cloutier, Sheila: Petition to the Inter-American Commission on Human Rights Seeking Relief from Violations Resulting from Global Warming Caused by Acts and Omissions of the United States, 2005, http://climatecasechart.com/wp-content/uploads/sites/16/non-us-case-documents/2005/20051208_na_petition.pdf, consultà ils 4-10-2022. +++ Watt-Cloutier, Sheila: The Right to be Cold: One Woman's Fight to Protect the Arctic and Save the Planet from Climate Change, University of Minnesota Press, Minneapolis 2018.

Numa Graa

Kölz, Alfred : Histoire constitutionnelle de la Suisse moderne. L'évolution institutionnelle de la Confédération et des cantons depuis 1848, chasa editura Stämpfli, Berna 2013. +++ Malinverni, Giorgio/Hottelier, Michel/Hertig Randall, Maya/Flückiger, Alexandre: Droit constitutionnel suisse, tom 2: Les droits fondamentaux, chasa editura Stämpfli, Berna 2021. +++ Müller, Jörg Paul: «Introduction aux droits fondamentaux», en: Jean-François Aubert et al. (ed.): Commentaire de la Constitution fédérale de la Confédération suisse du 29 mai 1874, Basilea/Turitg/Berna 1987–1996.

Jacqueline Grigo

Berghahn, Sabine/Rostock, Petra/Nöhring, Alexander: Der Stoff, aus dem Konflikte sind. Debatten um das Kopftuch in Deutschland, Österreich und der Schweiz, chasa editura Transcript, Bielefeld 2015. +++ Frietsch, Elke/Dennerlein, Bettina/Steffen, Therese: Verschleierter Orient – Entschleierter Okzident? (Un)Sichtbarkeit in Politik, Recht, Kunst und Kultur seit dem 19. Jahrhundert, chasa editura Wilhelm Fink, Paderborn 2012. +++ Grigo, Jacqueline: Religiöse Kleidung. Vestimentäre Praxis zwischen Identität und Differenz, chasa editura Transcript, Bielefeld 2015. +++ Mader, Luzius/Schinzel, Marc: «Religion in der Öffentlichkeit», en: Bochinger, Christoph (ed.), Religionen, Staat und Gesellschaft. Die Schweiz zwischen Säkularisierung und religiöser Vielfalt, chasa editura Neue Zürcher Zeitung, Turitg 2012, p. 109–144.

Helen Keller

Biaggini, Giovanni: Bundesverfassung der Schweizerischen Eidgenossenschaft. Kommentar, chasa editura Orell Füssli, 2. ediziun, Turitg 2017. +++ Haller, Walter: The Swiss Constitution in a Comparative Context, chasa editura Dike, 2. ediziun, Turitg 2016.

Josef Lang

Lang, Josef/Meier, Pirmin: Kulturkampf. Die Schweiz des 19. Jahrhunderts im Spiegel von heute, Hier und Jetzt, Chasa editura per cultura ed istorgia, Baden/Turitg, 2016. +++ Mattioli, Aram (ed.): Antisemitismus in der Schweiz (1848 – 1969), chasa editura Orell Füssli, Turitg 1998. +++ Tosato-Rigo, Danièle/Kley, Andreas: «Religiöse Toleranz», en: Historisches Lexikon der Schweiz (HLS), versiun dals 8-11-2011, https://hls-dhs-dss.ch/de/articles/011452/2011-11-08/, consultà ils 14-9-2022.

Martin Lengwiler

Keller, Christian: Visionen, Volkshetze, Betrügereien. Der Weg zum modernen Steuerstaat am Beispiel der Kantone Basel-Stadt und Basel-Landschaft (1833–1928), chasa editura Chronos, Turitg 2017. +++ Unabhängige Expertenkommission Administrative Versorgungen (ed.): Organisierte Willkür. Administrative Versorgungen in der Schweiz 1930–1981, Schlussbericht, tom 10 A, chasa editura Chronos, Turitg 2019.

Vanessa Rüegger

Garton Ash, Timothy: Redefreiheit. Prinzipien für eine vernetzte Welt, chasa editura Carl Hanser, Minca 2016. +++ Mchangama, Jacob: Free Speech: A Global History from Socrates to Social Media, Basic Books, New York 2022. +++ Rüegger, Vanessa: Kunstfreiheit, chasa editura Helbing Lichtenhahn, Baden-Baden/Basilea 2020. +++ Siapera, Eugenia: Understanding new media, Sage Publications, 2. ediziun, Los Angeles 2018.

Exposiziun

Direcziun generala Denise Tonella +++ **Curatura e curatur da l'exposiziun** Erika Hebeisen, Michael Kempf +++ **Scenografia** Rappaport Szenographie Architektur GmbH, Christa Held, Alain Rappaport +++ **Assistenta dal project** Naomi Eggli +++ **Coordinaziun dal project** Sophie Dänzer +++ **Cussegliaziun scientifica** André Holenstein, Helen Keller, Vanessa Rüegger, Julia Tiefenbacher +++ **Comité consultativ** Heidi Amrein, Beat Högger, Markus Leuthard, Sabrina Médioni, Denise Tonella +++ **Controlla dal project** Sabrina Médioni +++ **Mediaziun culturala** Gerda Bissig, Lisa Engi, Vera Humbel +++ **Grafica da l'exposiziun** Weicher Umbruch, Andrea Münch, Markus Läubli +++ **Grafica da reclama** Roli Hofer +++ **Gieus** Playing History UG & Co. KG, Martin Thiele-Schwez, Michael Geithner, Lauritz Daher +++ **Direcziun tecnica** Ladina Fait, Mike Zaugg +++ **Montascha da l'exposiziun** Bashir Ezzerari, Janine auf der Mauer, Marc Hägeli, Dave Schwitter, Ladina Fait, Philippe Leuthardt +++ **Direcziun da las lavurs da conservaziun** Tino Zagermann +++ **Conservaziun e montascha dals objects** Natalie Ellwanger, Iona Leroy, Sarah Longrée, Charlotte Maier, Jürg Mathys, Ulrike Rothenhäusler, Christian Alder, Stahl und Schweiss +++ **Emprests e logistica dals objects** Christian Affentranger, David Blazquez, Simon D'Hollosy, Reto Hegetschweiler, Markus Scherer, Claudio Stefanutto, Samira Tanner, Angela Zeier +++ **Fotografia** Jörg Brandt, Felix Jungo +++ **Archiv da fotografias** Fabian Müller, Andrea Kunz +++ **IT** Danilo Rüttimann, René Vogel +++ **Film d'animaziun** YK Animation Studio GmbH, Joder von Rotz, Fela Bellotto +++ **Staziuns interactivas** Alex Baur, Thomas Bucher, Ueli Heiniger, Pasquale Pollastro, Danilo Rüttimann, René Vogel, Tweaklab AG +++ **Marketing e communicaziun** Andrej Abplanalp, Anna-Britta Maag, Sebastiano Mereu, Carole Neuenschwander, Alexander Rechsteiner +++ **Translaziuns** Martina Albertini, Bill Gilonis, Language Factory, Marco Marcacci, Laurence Neuffer, Servetsch da translaziuns da la Chanzlia chantunala dal Grischun, Servetsch linguistic rumantsch da la Chanzlia federala

Publicaziun

Editur Museum naziunal svizzer +++ **Concept e redacziun** Erika Hebeisen, Michael Kempf +++ **Lectorat** Adrienne Heilbronner, Chasa editura Sandstein +++ **Concepziun** Michaela Klaus, Chasa editura Sandstein +++ **Tipografia e reprografia** Katharina Stark, Jana Neumann, Chasa editura Sandstein +++ **Stampa ed elavuraziun** FINIDR s.r.o., Český Těšín +++ **Scrittira** GT America +++ **Palpiri** Lessebo rough 1,3 natural 120 g/m², Fedrigoni Materica Gesso 250 g/m²

La Biblioteca naziunala tudestga registrescha questa publicaziun en la Bibliografia naziunala tudestga; las datas bibliograficas detagliadas pon vegnir consultadas en l'internet sin http://dnb.dnb.de.

www.sandstein-verlag.de

Ediziun libraria
978-3-95498-732-0

Ediziun museum
978-3-905875-61-4